Komla Elikplim Abotsi

Evaluation de la diversité des Pteridaceae du Togo

Komla Elikplim Abotsi

Evaluation de la diversité des Pteridaceae du Togo

Éditions universitaires européennes

Impressum / Mentions légales
Bibliografische Information der Deutschen Nationalbibliothek: Die Deutsche Nationalbibliothek verzeichnet diese Publikation in der Deutschen Nationalbibliografie; detaillierte bibliografische Daten sind im Internet über http://dnb.d-nb.de abrufbar.
Alle in diesem Buch genannten Marken und Produktnamen unterliegen warenzeichen-, marken- oder patentrechtlichem Schutz bzw. sind Warenzeichen oder eingetragene Warenzeichen der jeweiligen Inhaber. Die Wiedergabe von Marken, Produktnamen, Gebrauchsnamen, Handelsnamen, Warenbezeichnungen u.s.w. in diesem Werk berechtigt auch ohne besondere Kennzeichnung nicht zu der Annahme, dass solche Namen im Sinne der Warenzeichen- und Markenschutzgesetzgebung als frei zu betrachten wären und daher von jedermann benutzt werden dürften.

Information bibliographique publiée par la Deutsche Nationalbibliothek: La Deutsche Nationalbibliothek inscrit cette publication à la Deutsche Nationalbibliografie; des données bibliographiques détaillées sont disponibles sur internet à l'adresse http://dnb.d-nb.de.
Toutes marques et noms de produits mentionnés dans ce livre demeurent sous la protection des marques, des marques déposées et des brevets, et sont des marques ou des marques déposées de leurs détenteurs respectifs. L'utilisation des marques, noms de produits, noms communs, noms commerciaux, descriptions de produits, etc, même sans qu'ils soient mentionnés de façon particulière dans ce livre ne signifie en aucune façon que ces noms peuvent être utilisés sans restriction à l'égard de la législation pour la protection des marques et des marques déposées et pourraient donc être utilisés par quiconque.

Coverbild / Photo de couverture: www.ingimage.com

Verlag / Editeur:
Éditions universitaires européennes
ist ein Imprint der / est une marque déposée de
OmniScriptum GmbH & Co. KG
Heinrich-Böcking-Str. 6-8, 66121 Saarbrücken, Deutschland / Allemagne
Email: info@editions-ue.com

Herstellung: siehe letzte Seite /
Impression: voir la dernière page
ISBN: 978-3-8417-8804-7

Copyright / Droit d'auteur © 2015 OmniScriptum GmbH & Co. KG
Alle Rechte vorbehalten. / Tous droits réservés. Saarbrücken 2015

Sommaire

RESUME: 1
ABSTRACT: 1
I. INTRODUCTION GENERALE 2
II. MATERIEL ET METHODE 4
    A. ZONE D'ETUDE 4
    B. TRAVAIL SUR LE TERRAIN 7
    C. TRAVAIL DE LABORATOIRE 8
III. RESULTATS 9
    A. BILAN FLORISTIQUE 9
    B. BASE DE CONNAISSANCE ET CLE D'IDENTIFICATION DES TAXONS 10
    C. HABITAT, DISTRIBUTION ET STATUT DE CONSERVATION DES PTERIDACEAE DU TOGO ... 16
    D. VALORISATION DES PTERIDACEAE DANS LA ZONE ECOLOGIQUE 4 20
IV. DISCUSSIONS 20
    A. TAXONOMIE ET NOMENCLATURE 20
    B. ETAT ACTUEL DE LA DIVERSITE ET STATUT DE CONSERVATION DES PTERIDACEAE DU TOGO. .. 23
    C. AVANTAGES ET LIMITES DE LA CLE D'IDENTIFICATION OBTENUE SOUS XPER2 25
    D. COMPARAISON DE LA VALORISATION DES PTERIDACEAE AU TOGO AVEC L'AFRIQUE DE L'OUEST ... 26
V. CONCLUSION GENERALE 26
VI. REFERENCES BIBLIOGRAPHIQUES 28
VII. ANNEXES 31
- ANNEXE 1: FICHE DE TERRAIN 31
- ANNEXE 2: DESCRIPTION DES PTERIDACEAE DU TOGO 31
    A. *Acrostichum aureum L.* 31
    B. *Actiniopteris radiata (Sw.) Link* 32
    D. *Adiantum philippense L* 34
    E. *Adiantum schweinfurthii Kuhn* 35
    I. *Doryopteris kirkii (Hook) Alston* 38
    J. *Haplopteris guineensis (Desv). Crane var guineensis* 39
    K. *Pellaea doniana J.Sm. ex Hook.* 40
    M. *Pteris atrovirens Willd* 41
    N. *Pteris burtonii Bakin* 42
    O. *Pteris similis Kuhn* 43
    P. *Pteris togoensis Hieron* 44
    Q. *Pteris tripartita Sw* 45

Liste des figures:

Figure 1: Carte du Togo montrant les zones écologiques avec un détail sur la zone écologique 4 6
Figure 2: Groupe de discussion à Dikpéléou (Adélé) 7
Figure 3: Observations sur les spécimens 8
Figure 4: : Détails des récoltes effectuées dans la zone écologique 4 9
Figure 5: Proportion des genres au sein des Pteridaceae du Togo 10

i

Figure 6: Interface d'identification des taxons de la base "Pteridaceae_Togo" 11
Figure 7: Paysage très perturbé à Yikpa Dzigbé (Danyi) 16
Figure 8: Paysage peu perturbé dans la forêt d'Assoukoko 16
Figure 9: Carte du Togo montrant la distribution des Pteridaceae 18
Figure 10: *Adiantum schweinfurthii* 19
Figure 11: *Pteris atrovirens* 19
Figure 12; *Adiantum vogelii* 19
Figure 13: *Pteris burtonii* 19
Figure 14: *Pteris similis* 19
Figure 15: *Adiantum incisum* 19
Figure 16: *Pellaea doniana* 19
Figure 17: *Pteris tripartita* 19
Figure 18: *Pityrogramma calomelanos var calomelanos* 19
Figure 19: *Doryopteris kirkii* 19
Figure 20: *Pteris togoensis* 19
Figure 21: Fiche de terrain utilisée lors des travaux de récolte de spécimens 31
Figure 22: Répartition d'*Acrostichum aureum* 32
Figure 23: Répartition d'*Actiniopteris radiata* 32
Figure 24: Distribution d'*Adiantum incisum* 33
Figure 25: Distribution d'*Adiantum philippense* 34
Figure 26: Distribution d'*Adiantum schweinfurthii* 35
Figure 27: Distribution d'*Adiantum vogelii* 35
Figure 28: Distribution de *Ceratopteris thalictroides* 36
Figure 29: Distribution de *Doryopteris concolor* var *nicklesii* 37
Figure 30: Distribution de *Doryopteris kirkii* 38
Figure 31: Distribution de *Haplopteris guineensis* var *guineensis* 39
Figure 32: Distribution de *Pellaea doniana* 40
Figure 33: Distribution de *Pityrogramma calomelanos* var *calomelanos* 41
Figure 34: Distribution de *Pteris atrovirens* 42
Figure 35: Distribution de *Pteris burtonii* 43
Figure 36: Distribution de *Pteris similis* 44
Figure 37: Distribution de *Pteris togoensis* 45
Figure 38: Distribution de *Pteris tripartita* 46

Acronymes et sigles utilisés:
CDB: Convention des nations unies sur la Diversité Biologique
HL: Herbier de Lomé
MERF: Ministère de l'Environnement et des Ressources Forestières
MPDAT: Ministère auprès du président de la république chargé de la Planification, du Développement et de l'Aménagement du Territoire
LIS: Laboratoire Informatique et Systématique
RCA: République Centrafricaine
RDC: République Démocratique du Congo
RIHA: Réseau Informatique des Herbiers Africains
UPMC: Université Pierre et Marie Curie

Résumé:

La famille des Pteridaceae constitue la plus grande famille de fougères du Togo par sa diversité spécifique et générique. Comme toutes les autres familles de fougères du pays, les Pteridaceae ne sont pas assez étudiées et ne possèdent pas non plus de clé d'identification. Une révision taxonomique et nomenclaturale de cette famille de fougères a été effectuée dans le cadre de cette étude afin d'établir une base de connaissances fiable et utile grâce au logiciel Xper^2 pour centraliser toutes les informations disponibles sur le groupe d'étude. Une clé d'identification assistée par ordinateur sous Xper^2 et une clé papier ont été créées pour faciliter l'identification des taxons. Une réévaluation de la diversité, de l'écologie et du statut de conservation des Pteridaceae a aussi été réalisée à partir de données de terrain récentes et de spécimens d'herbiers. Une nouvelle espèce pour la flore togolaise a été récoltée dans le cadre de cette étude. Il s'agit de *Pteris similis* Kuhn, retrouvée dans une forêt galerie à Dikpéléou. Cette récolte a permis de confirmer la présence jusqu'alors non attestée de cette espèce au Togo et de porter la diversité des Pteridaceae à 17 espèces. Enfin des propositions visant une meilleure gestion et valorisation de la famille sont élaborées pour le Togo.

Mots clés:
Pteridaceae, diversité, base de connaissance, identification assistée par ordinateur, Xper^2, Togo.

Abstract:

The Pteridaceae family is the largest fern family in Togo by its specific and generic diversity. As all other fern families, Pteridaceae are not studied enough and did not have either an identification key. A taxonomic and nomenclatural revision of this fern family was made to establish a reliable knowledge base through Xper^2 software to centralize all information available on the study group. A computer-aided identification key through the software Xper^2 and a paper key were created to facilitate the identification of taxa. A reassessment of the diversity, ecology and conservation status of Pteridaceae was performed using data from recent field and herbarium specimens. A new species was collected in the case of this issue for Togolese flora. It is *Pteris similis* Kuhn. located in a riverside forest in Dikpéléou. This harvest has confirmed the presence of this previously unattested species in Togo and bring Pteridaceae diversity to 17 species. Finally proposals for better management and valorization of the family are designed for Togo.

Key words:
Pteridaceae, diversity, knowledge base, computer-aided identification, Xper^2, Togo

I. Introduction

La flore indigène du Togo comptait 3234 espèces recensées jusqu'en 2002 (en y incluant les champignons) (MERF, 2009). Récemment, la poursuite des travaux a permis de recenser 60 nouvelles espèces d'Angiospermes (59 Dicotylédones et 1 Monocotylédone) (Kokou et al. 2008, Woegan 2007 ; Dourma 2008) et 134 nouvelles espèces de champignons macroscopiques (Guelly 2006a, 2006b ; De Kesel et Guelly, 2007), faisant passer la diversité floristique à 3428 espèces (MERF, 2009). Cette avancée a pu être réalisée grâce à l'émergence de spécialistes qui se sont penchés sur différents groupes systématiques végétaux. Malgré tout, la connaissance de certains taxons majeurs reste encore très partielle, faute de spécialistes. C'est le cas entre autres des Monilophytes[1], des Embryophytes basales et du groupe des « Algues ». Il est donc crucial pour la connaissance, la gestion et la valorisation de la biodiversité togolaise que ces groupes soient également étudiés. Les différentes prospections de la diversité végétale ont permis de circonscrire la quasi-totalité de la diversité actuellement connue des Monilophytes dans la zone écologique 4[2] du pays. L'ensemble de la diversité des Monilophytes a été estimée à 84 espèces (MERF 2009). Par ailleurs, du point de vue taxonomique, la flore togolaise de même que les bases de données de l'herbier de Lomé ne suivent malheureusement pas encore la classification phylogénétique actuelle. Les travaux récents en matière de classification phylogénétique des Monilophytes ont pourtant permis de recadrer la classification des fougères en général et celle de la famille des Pteridaceae en particulier (Smith et al. 2006, 2008 ; Schuettpelz et al. 2007 ; Hennequin et al. 2010, Christenhusz et al. 2011, Schneider et al. 2013).

Les Pteridaceae constituent une famille de fougères aquatiques, terrestres, épilithes ou épiphytes. Elles vivent presque partout dans le monde mais sont plus abondantes dans les régions tropicales humides et certaines affectionnent même les zones arides (les Cheilanthoideae). Elles possèdent un rhizome long ou court, rampant, ascendant, sub-dressé ou dressé, portant des écailles (ou plus rarement des poils). Elles ont un limbe monomorphe, hémi-dimorphe ou rarement dimorphe, simple, penné, ou parfois pédalé, parfois décurrent, des nervures libres et simples, ou anastomosées de diverses manières et formant un réseau. Les sporanges sont groupés en sores marginaux ou intra-marginaux, sans vraie indusie, souvent protégés par la marge réfléchie du limbe, ou disposés le long des nervures. Les sporanges portent chacun un annulus vertical interrompu, avec un réceptacle peu ou pas visible. Les spores sont globuleux ou tétraédriques, trilètes, et la périspore est diversement ornementée.

La famille est bien représentée au Togo (avec des représentants sur presque toute l'étendue du territoire). La classification phylogénétique actuelle répartit les Pteridaceae en cinq sous-familles (Christenhusz et al. 2011) qui sont: Ceratopteridoideae, Vittarioideae, Pteridoideae, Cheilanthoideae, et Cryptogrammoideae.

---

[1] Les Monilophytes constituent un groupe monophylétique réunissant les Filicophytes ou fougères au sens strict, et les Equisetophytes.
[2] Les travaux d'Ern (1979) ont permis de subdiviser le territoire togolais en 5 zones écologiques: la zone écologique 4 correspond à la zone méridionale humide des Monts Togo qui est aussi la zone forestière.

Sur la base des collections existantes les Pteridaceae du Togo rassembleraient 16 espèces réparties en 9 genres. Cela fait d'elle la famille de fougères la plus diversifiée du pays. Les données actuelles de l'herbier de Lomé les placent au sein de trois principales familles: les "Adiantaceae", les "Vittariaceae" et les "Pteridaceae"[3]. Certains genres ont changé de famille tel *Nephrolepis* qui a été placé au sein de la famille bien distincte des Nephrolepidaceae (Kramer, 1990) ou dans les Lomariopsidaceae (Smith et *al.* 2006) puis finalement confirmée au sein des Nephrolepidaceae (Hennequin et *al.* 2010). D'autres genres comme *Vittaria* ont été transférés dans le genre *Haplopteris* (Crane, 1997) et d'autres noms d'espèces sont tombés en synonymie. Enfin, comme pour les autres familles de fougères, il n'existe pas à ce jour de clé d'identification des espèces de Pteridaceae du Togo. Il est donc évident qu'une révision de cette famille s'impose pour mettre à jour les données sur sa diversité réelle à la lumière de la classification phylogénétique actuelle et pour intégrer les données actualisées dans une base de connaissances fiable, pratique et largement accessible.

De nos jours, la recherche est conditionnée par la disponibilité d'informations validées et facilement accessibles. Ainsi, en botanique, les taxons d'une zone sont répertoriés dans des flores. Les clés d'identifications générées par ces documents imposent le choix des caractères définissant les nœuds. Le renseignement de tous les nœuds internes de la clé est généralement indispensable pour identifier les taxons. Ainsi l'utilisation de ces clés est souvent difficile à cause de l'ambigüité ou du manque éventuel d'un caractère ou d'une partie de la plante, empêchant ainsi souvent l'identification jusqu'au rang spécifique. Pour pallier au chemin imposé par les clés traditionnelles, l'identification assistée par ordinateur permet à l'utilisateur de commencer l'identification par les caractères qui lui semblent les plus faciles à observer et/ou les plus pertinents et de se faire aider par des illustrations, des définitions et des notices d'aide disponibles directement dans ces clés. Des logiciels existent et permettent d'éditer ces genres de clés. Parmi eux, le logiciel Xper^2 (Lebbe et Vignes, 1984; Ung et *al.* 2010) permet de créer une base de connaissances sur les taxons et de générer une clé d'identification assistée par ordinateur. Il permet ainsi de centraliser toutes les informations disponibles sur les Pteridaceae du Togo en une seule et unique base de connaissances facilement consultable et exploitable sur un ordinateur. Xper^2 offre également une interface d'identification exportable sur un navigateur web qui permet de s'affranchir des chemins imposés par les clés papier.

L'objectif premier de cette étude est de contribuer à une révision de la famille des Pteridaceae du Togo. Les objectifs secondaires sont: 1/ créer une base de connaissances fiable sur les Pteridaceae du Togo, 2/ faciliter l'identification des Pteridaceae par la création d'une clé des taxons sous Xper^2 et une clé papier, 3/ étudier les potentialités de valorisation des espèces de la famille et 4/ connaître la distribution et le statut de conservation des taxons au Togo.

---

[3] Ces trois délimitations de familles ne suivent pas la classification phylogénétique actuelle.

II. Matériel et méthode

Le logiciel Xper² est ici utilisé pour la création et l'édition de la base de connaissances. Les spécimens proviennent de l'herbier de Lomé (TOGO) et celui de Paris (P). Xper² est un logiciel d'édition des bases de connaissances et de clé d'identification créé par le laboratoire LIS de l'UPMC (http://lis-upmc.snv.jussieu.fr). Il permet de renseigner et de décrire des taxons à partir de descripteurs catégoriques et/ou numériques définis par l'utilisateur lui même. Trois interfaces principales sont disponibles pour l'édition de la base de connaissances:

1/ l'interface d'édition des descripteurs et de leurs états;

2/ l'interface d'édition des taxons et ;

3/ l'interface d'édition des propriétés de la base.

De plus il dispose d'une interface d'identification qui offre une clé artificielle permettant d'identifier les taxons décrits sans passer par un chemin bien précis. Enfin le logiciel dispose d'une large souplesse qui lui permet de correspondre aussi bien à la description du vivant que de l'inerte et du conceptuel.

Les différentes étapes du travail ont été:

-Recherche et sélection des parts d'herbiers correspondant aux Pteridaceae togolaises dans les deux herbiers (TOGO et P).

-Récolte de spécimens nouveaux dans la zone écologique 4.

-Recherche des utilisations des espèces par les populations locales

-Edition des descripteurs clés pour l'identification

-Edition des taxons

-Création de la base de connaissances sous Xper²

-Création de la clé d'identification papier

-Révision taxonomique et nomenclaturale de la famille au regard de la classification actuelle

-Test de la base de connaissances avec les spécimens de l'herbier de Lomé et celui de Paris.

A. Zone d'étude

La zone d'étude est l'ensemble du territoire togolais. Le Togo est un pays de 56 785 km² situé dans le Golfe de Guinée en Afrique de l'ouest. Il s'étire sur environ 600 km, entre le 6e et le 11e parallèle Nord et entre 0 et 2° de longitude Est. Trois grands types de climat se retrouvent au Togo. Au Nord, on trouve le climat tropical avec des variantes de plus en plus humides en allant vers le Sud. La zone côtière du sud bénéficie quant à elle d'un climat subéquatorial. Un climat transitoire entre ces deux types de climat et appelé climat subéquatorial de transition se retrouve dans les montagnes du sud du pays. Le Togo dispose de sols variés. On y trouve cinq grandes classes pédologiques (Levêque 1979) qui sont: 1/ les sols ferrugineux tropicaux, lessivés, indurés ou hydromorphes, 2/ les sols peu évolués d'apport ou d'érosion, 3/ les vertisols, riches en argile gonflante et en éléments minéraux, 4/ les sols ferralitiques caractérisés par la persistance du fer et de l'aluminium et le lessivage des autres cations (ce sont les meilleurs sols du pays) et 5/ les sols hydromorphes à gley très argileux et mal drainés rencontrés en bordure des embouchures des cours d'eau et dans certaines dépressions. Le relief est essentiellement composé de deux grandes plaines séparées par une bande de montagnes qui prend le pays en écharpe du Sud-ouest vers le Nord-est. Le pays dispose aussi bien d'écosystèmes aquatiques que terrestres. Les plaines du Nord et du Sud sont essentiellement couvertes de savanes et de lambeaux de forêts sèches au Nord ou de forêt humide au Sud. Les Monts Togo sont par contre recouverts de forêt dense sèche dans leur partie septentrionale et de forêt dense humide dans la partie méridionale. Cette dernière partie constitue la portion togolaise de la forêt dense humide ouest-africaine et correspond à la zone écologique 4 (Ern, 1979). En effet, le Togo est subdivisé en 5 zones écologiques caractérisées par leur climat, leur végétation et la nature du sol (figure 1).

La zone écologique 4 correspond à la zone des forêts semi-décidues humides du Togo. Elle s'étend sur la partie australe des Monts Togo. Les hauteurs des montagnes y dépassent souvent 700 m d'altitude. Le maximum se situe au Mont Agou avec 986 m. La zone bénéficie d'un climat subéquatorial de transition caractérisé par une longue saison de pluie qui s'étend de Mars à Octobre avec une petite baisse de précipitation en Août ou en Septembre. Les précipitations se situent entre 1300 et 1600 mm par an. Le sol est ferralitique rouge et profond. La zone constitue l'habitat de la quasi-totalité des Monilophytes et des orchidées du Togo.

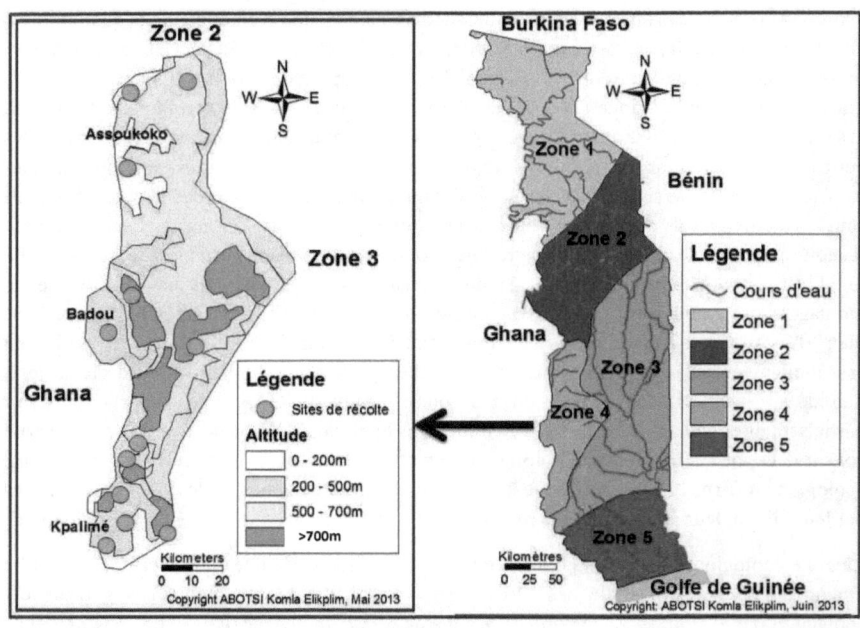

Figure 1: Carte du Togo montrant les zones écologiques avec un détail sur la zone écologique 4. Les nouvelles récoltes ont été effectuées uniquement dans la zone écologique 4. Zone écologique 1: Elle correspond aux plaines du Nord. Elle bénéficie d'un climat soudanien caractérisé par une moyenne de 6 à 7 mois de sécheresse. La pluviométrie y varie entre 800 et 1000 mm d'eau/an. Les températures sont comprises entre 17 et 39 ° C. La végétation prédominante est la savane soudanaise avec quelques îlots de forêts sèches et de forêts galeries. Le sol est tropical ferrugineux de texture sableuse. Zone écologique 2: Elle est couverte d'une mosaïque de forêts sèches de montagne et de forêts galeries. Le climat est de type soudano-guinéen. La saison pluvieuse s'étend d'Avril à Octobre et la saison sèche est caractérisée par la présence de l'Harmattan. Les pluies sont irrégulières et atteignent 1200 à 1300 mm d'eau/an. Les sols sont minces et contiennent une forte proportion d'éléments grossiers. Les sols tropicaux ferrugineux y sont aussi présents. Zone écologique 3; Elle correspond aux savanes guinéennes des plaines du centre bénéficiant d'un climat tropical caractérisé par une saison pluvieuse s'étendant de mai à Octobre. Les précipitations varient entre 1200 et 1500 mm/an. La température est comprise entre 25 et 40°C. Les sols sont essentiellement tropicaux ferrugineux. Des forêts semi-décidues se retrouvent dans la partie Sud de ces savanes et des forêts sèches dans la partie Nord. Zone écologique 4: Elle correspond à la partie australe des montagnes du Togo et possède un climat subéquatorial de transition caractérisé par une longue saison pluvieuse de Mars à Octobre avec une petite interruption en Août ou en Septembre. Les précipitations varient entre 1300 et 1600 mm/an. C'est la zone des forêts semi-décidues humides sur sols rouges ferralitiques profonds. Zone écologique 5: C'est la zone des plaines côtières du Sud bénéficiant d'un climat subéquatorial caractérisé par un manque de précipitations dans sa partie basse. Les précipitations varient de 800 mm à la côte jusqu'à 1200 mm/an à la limite Nord de la zone. On y trouve une mosaïque de savanes, de terres agricoles et de forêts sèches semi-décidues (Kokou et Caballé, 2000)

B. Travail sur le terrain

Des récoltes ont été éffectuées afin de réévaluer la diversité des Pteridaceae du Togo. Les principales récoltes effectuées précédemment par Brunel, Akpagana, Guelly et Kokou de 1973 à 1994 (base de données RIHA-UL) sur l'ensemble du pays ont permis de restreindre la zone de récolte à la zone écologique 4 uniquement. Les principaux sites pouvant renfermer une diversité considérable en fougères sont ensuite choisis grâce aux informations issues des spécimens anciens et de l'écologie des fougères (Moran 1995, 2002).

Les récoltes ont alors été effectuées sur le Mont Agou (Kébo-Dalavé, Kébo-Gbolokpodzi, Kébo-Dzigbé, pic d'Agou), les Monts Kloto (Yoh, Missahohoe, Kouma-Konda), le plateau de Danyi (Danyi Ndigbé, Danyi Dzogbégan, Yikpa Dafo, Yikpa Anyigbé, Yikpa Dzigbé), le plateau Akposso (Badou, Tomégbé, Akloa) et les Monts Adélé (Yégué, Dikpéléou, Assoukoko) (voir figure 1). Les récoltes ont été effectuées tous azimuts, à vue, en remontant la pente des montagnes et les cours d'eaux et en récoltant les fougères fertiles rencontrées.

Les récoltes effectuées sont constituées de: i/ une ou plusieurs photos de la plante entière dans son habitat ; ii/ un spécimen d'herbier représenté par la plante entière ou un fragment comportant alors tous les organes (racines, rhizome, pétiole, fronde fertile); iii/ un morceau de limbe en silica gel (Gaudeul et Rouhan, 2013). Tous les spécimens stériles dont la détermination à l'espèce est impossible ou peu fiable ne sont pas récoltés. Pour les taxons épiphytes, un échantillon fertile de la plante porophyte est également récolté. Pour chaque spécimen récolté, l'ensemble des informations est renseigné dans une fiche de terrain (voir annexe 1).

Figure 2: Groupe de discussion à Dikpéléou (Adélé). Les spécimens sont d'abord récoltés puis ramenés chez le chef du village. Ce dernier, aidé par ses collaborateurs, des natifs du village et des tradi-thérapeutes donne les informations (noms locaux et utilisations) dont ils disposent sur les espèces présentées dans la mesure du possible. La discussion est rendue possible par l'intermédiaire d'un guide local qui explique au fur et à mesure ce qui est dit par les enquêtés.
Photo: ABOTSI Komla Elikplim, 2013

A la fin de chaque journée de récolte, les spécimens récoltés sont ramenés dans le village le plus proche pour obtenir des informations sur l'utilisation potentielle des taxons récoltés (figure 2). Deux méthodologies sont utilisées suivant les localités et la disponibilité des informateurs. La première consiste à établir un groupe de discussion autour du chef de village au sein duquel sont demandées les utilisations locales et les noms vernaculaires des taxons récoltés. La seconde méthode qui est une alternative à la première consite à questionner les villageois un par un pour obtenir des informations sur la nomenclature et les utilisations locales. Au total, 35 personnes dont 16 femmes et 19 hommes ont été questionnés dans

12 localités différentes. Leur classe d'âge varie entre 19 et 72 ans.

C. Travail de laboratoire

La première partie du travail a consisté à dresser une première liste des espèces de Pteridaceae du Togo à partir de données de la base RIHA de l'herbier de Lomé. Les noms obtenus sont révisés et actualisés suivant la nomenclature et la taxonomie actuelles. Des listes de synonymie sont obtenues pour chaque espèce à partir des ouvrages les plus récents de systématique des fougères africaines (Tardieu-Blot 1964 ; Verdcourt 2002 ; Roux 2001, 2003).

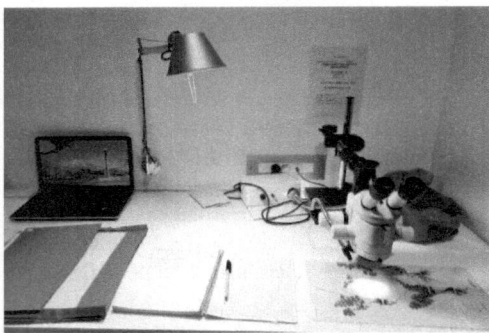

Figure 3: Observations sur les spécimens à l'herbier du Museum National d'Histoire Naturelle de Paris. Les spécimens sont triés et rangés par genres sur la paillasse. Leurs caractères morphologiques et reproducteurs sont ensuite observés puis notés. Les observations de détails sont effectuées grâce à la loupe binoculaire (à droite).

Photo: ABOTSI Komla Elikplim, 2013

De retour à l'herbier, les spécimens récoltés sur le terrain ont été triés, séchés, montés puis conservés à l'herbier de Lomé. Chaque spécimen est monté sur papier et les échantillons en silica-gel sont conservés dans une boîte de silica-gel hemétiquement fermée. Des doubles ont été créés pour être envoyés à l'herbier de Paris, accompagnés d'échantillons en silica-gel. Les spécimens anciens issues des herbiers de Lomé et Paris sont rajoutés aux nouveaux spécimens afin de couvrir toute l'étendue de la zone d'étude. L'ensemble des spécimens est ensuite trié et rangé selon leur appartenance taxonomique, d'abord par groupes d'espèces puis par groupes de genres. Les caractères communs à chaque genre sont relevés de même que les caractères discriminants. Une première liste de descripteurs rendant compte des différences au rang générique est élaborée et intégrée dans la base de connaissance créée via le logiciel Xper^2.. Ensuite chaque espèce a été séparée des autres et tous les caractères qui permettent de les distinguer au sein de leurs genres respectifs et/ou au sein de la famille en général ont été relevés. Ces caractères sont ainsi intégrés à la base sous forme de descripteurs. Chaque spécimen disponible pour chacune des espèces est ensuite observé pour renseigner toute la variabilité ou les états des caractères (figure 3). A ces descripteurs intrinsèques sont ajoutés des descripteurs d'odre écologique pour permettre une discrimination des taxons sur leur écologie. Les taxons sont ensuite saisis et décrits grâce aux descripteurs du tableau 1. Une synonymie complète et récente de chaque nom est recherchée et renseignée. Des informations complémentaires issues des flores africaines (Tardieu-Blot 1964; Verdcourt 2002; Roux 2001, 2003) ont été utilisées pour compléter les observations effectuées sur les spécimens. La matrice des taxons/caractères obtenue après l'édition des taxons a permis de détecter et éliminer les descripteurs inutiles ou non pertinents et d'affiner la liste des descripteurs. En effet, un descripteur est jugé non pertinent quand ses indices XPER et Jaccard sont nuls mais certains ont été épargnés pour soutenir l'unicité de la famille et surtout pour permettre une extension future de la base de connaissances à d'autres espèces ou familles du pays et de la sous-région.

Les spécimens récoltés sur le terrain et qui sont inconnus de la base de connaissances ont été soumis à l'identification par un spécialiste de la famille puis intégrés à la base de connaisssances. Des observations sur les caractères morphologiques des spécimens identifiés nous ont permis de finaliser la liste des descripteurs et états essentiels à l'identification des Pteridaceae du Togo. Des illustrations provenant des photos prises sur le terrain, des définitions et des listes de synonymie y ont été adjointes pour faciliter l'identification.

III. Résultats

A. Bilan floristique

En tout 350 nouvelles récoltes de fougères ont été effectuées dans la zone écologique 4 à partir desquelles ont été isolées 83 récoltes (figure 4) correspondant à 12 espèces de Pteridaceae (voir figures 10 à 20). Tous ces taxons récoltés correspondent à 5 genres différents.

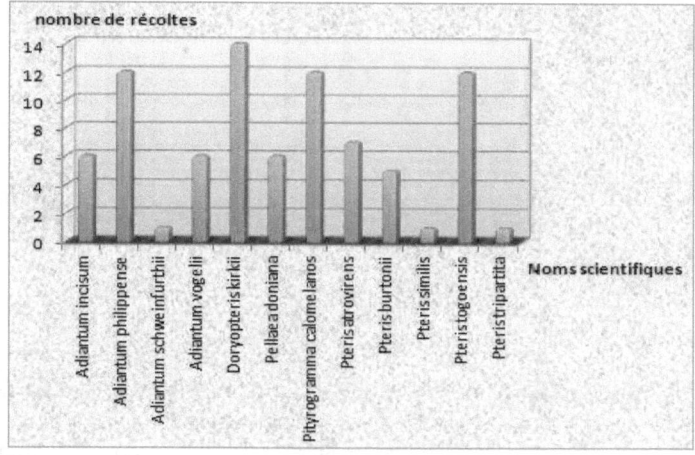

Figure 4: Détails des récoltes effectuées dans la zone écologique 4. Chaque récolte contient plusieurs spécimens suivant la disponibilité du matériel végétal. A chaque récolte est associé un échantillon de tissus en silica-gel.

Une nouvelle espèce pour la flore togolaise est ici récoltée. Il s'agit de *Pteris similis* Kuhn correspondant au spécimen ASM0162 (voir figure 14, annexe 2), une espèce retrouvée uniquement dans une forêt galerie à Dikpéléou dans l'Adélé (coordonnées UTM: Longitude ou X = 237722m; Latitude ou Y = 906820m, altitude ou Z = 690m).

Il ressort de l'analyse des nouveaux spécimens et des spécimens d'herbier existants qu'il y a 17 espèces de Pteridaceae présentes au Togo et parmi elles, 14 sont présentes dans la zone écologique 4 du Togo. Toutes ces espèces appartiennent à 9 genres différents (figure 5). Certaines localités ont perdu une partie de leur diversité par rapport aux données de récoltes passées.

Ainsi, *Haplopteris guineensis* (Desv.) Crane var *guineensis* n'a pas été retrouvé à Danyi N'Digbé et *Adiantum vogelii* Mett. ex Keyserl. n'a pas été retrouvée à Yikpa alors que ces deux espèces y ont été reportées (les dernières récoltes, respectivement TOGO 12511 et TOGO 12543 datent de 1987 pour les deux espèces).

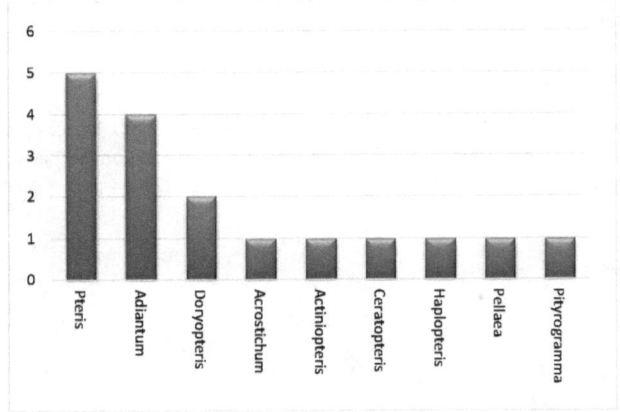

Figure 5: Part des genres au sein des Pteridaceae du Togo Les genres *Pteris* et *Adiantum* avec respectivement 5 et 4 espèces (29 et 23% de la diversité) constituent les genres majoritaires. Suit le genre *Doryopteris* avec 2 espèces. Tous les autres genres n'y sont représentés que par une seule espèce.

B. Base de connaissance et clés d'identification des taxons

La base de connaissances obtenue est nommée "Pteridaceae_Togo" et compte 178 illustrations. Elle est complète à 99,91%. Elle contient toutes les informations disponibles sur les Pteridaceae du Togo et permet aussi de les identifier. Elle est consultable directement à travers le logiciel lui-même ou un navigateur web (annexe 3). Elle est sur le CD joint à ce document.

En tout 4 interfaces sont disponibles sous Xper². Il s'agit des interfaces 1/ édition des descripteurs, 2/ édition des taxons, 3/ édition des propriétés de la base et 4/ identification (figure 6).

En tout 62 descripteurs annotés dont 7 sont illustrés ont servi à décrire les taxons (17 taxons) et permettent de les identifier. Parmi eux, 15 sont sans dépendance (ni père[4], ni fils[5]), 17 sont des pères dont 11 également fils et 41 sont des fils dont 11 sont également pères. Tous ces descripteurs possèdent 176 états dont 9 sont illustrés, 94 sont annotés dont 8 sont également illustrés. Le nombre maximal d'état est de 9 alors que le nombre minimal est de 2 par descripteur, donnant une moyenne de 2,84 états/descripteur. Les descripteurs sont tous classés en 9 groupes annotés couvrant l'ensemble de l'appareil végétatif et reproducteur de même que l'écologie. Tous les taxons (items dans le langage de Xper²) sont illustrés et annotés.

Certains descripteurs s'avèrent plus efficaces dans l'identification des taxons décrits. Leur pouvoir discriminant est donné par les indices de Jaccard et XPER (tableau 1). L'indice XPER donne la capacité d'un descripteur à discriminer ou identifier les taxons. Ainsi, plus cet indice est élevé pour un descripteur, plus celui-ci discrimine les taxons. L'indice de Jaccard mesure plutôt la similarité entre les taxons par rapport à chaque descripteur et de ce fait, plus cet indice est élevé, plus le descripteur est efficace.

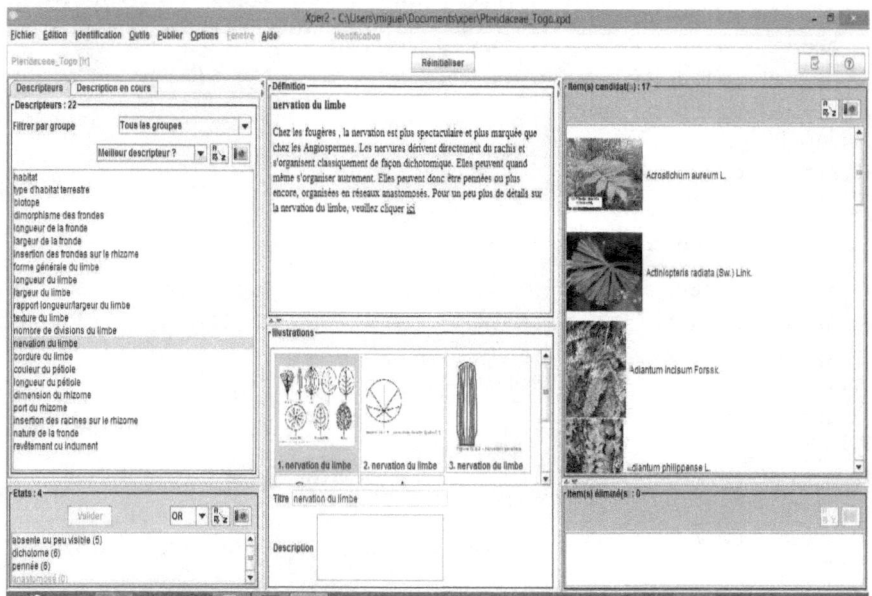

Figure 6: Interface d'identification des taxons de la base "Pteridaceae_Togo"

---

[4] Un descripteur père est un descripteur dont les états conditionnent l'applicabilité d'un ou plusieurs autre(s) descripteur(s) qui lui sont subordonnés.
[5] Un descripteur fils est un descripteur dont l'applicabilité est conditionnée par la vérification d'au moins un état de son père

Tableau 1: Les principaux descripteurs de la base "Pteridaceae_Togo". A chaque descripteur sont associés les groupes dans lesquels il est classé. Au total 62 descripteurs sont classés au sein de 9 groupes non exclusifs couvrant l'écologie, l'appareil végétatif et l'appareil reproducteur. Pour chaque descripteur, sont renseignés les indices XPER et de Jaccard. L'indice XPER donne la capacité du descripteur à discriminer les taxons et celui de Jaccard donne le degré de similarité des taxons par rapport au descripteur. Ils prennent tous les deux des valeurs comprises entre 0 et 1. Plus ces valeurs se rapprochent de 1, plus le descripteur est efficace dans l'identification. Au cours de l'identification sous Xper², les descripteurs sont éliminés au fur et à mesure qu'ils sont sélectionnés. Aussi, l'efficience des descripteurs change par rapport aux descripteurs déjà sélectionnés à cause des contraintes et des dépendances entre descripteurs. Un descripteur sans valeur systématique initiale peut ainsi devenir très pertinent au cours de l'identification.

Groupes	Descripteurs	XPER	Jaccard
[1. Ecologie, 7. Limbe]	1. habitat	16/136 (0.12)	16/136 (0.12)
[1. Ecologie]	2. type d'habitat terrestre	21/120 (0.18)	56/120 (0.47)
[1. Ecologie, 4. Fronde]	3. biotope	30/136 (0.22)	62/136 (0.46)
[2. Appareil végétatif, 3. Appareil reproducteur, 4. Fronde]	4. dimorphisme des frondes	52/136 (0.38)	52/136 (0.38)
[2. Appareil végétatif, 4. Fronde]	5. type de dimorphisme	0/6 (0.0)	0/6 (0.0)
[2. Appareil végétatif, 4. Fronde]	6. longueur de la fronde	39/136 (0.29)	135/136 (1.0)
[2. Appareil végétatif, 4. Fronde, 7. Limbe]	7. largeur de la fronde	85/136 (0.63)	135/136 (1.0)
[2. Appareil végétatif, 4. Fronde, 9. Rhizome]	8. insertion des frondes sur le rhizome	60/136 (0.44)	60/136 (0.44)
[2. Appareil végétatif, 4. Fronde]	9. forme générale du limbe	102/136 (0.75)	113/136 (0.84)
[2. Appareil végétatif, 7. Limbe]	10. longueur du limbe	56/136 (0.41)	135/136 (1.0)
[2. Appareil végétatif]	11. largeur du limbe	82/136 (0.6)	135/136 (1.0)
[2. Appareil végétatif, 4. Fronde, 7. Limbe]	12. rapport longueur/largeur du limbe	83/136 (0.61)	135/136 (1.0)
[2. Appareil végétatif, 4. Fronde, 7. Limbe]	13. texture du limbe	72/136 (0.53)	92/136 (0.68)
[2. Appareil végétatif, 4. Fronde, 7. Limbe]	14. nombre de divisions du limbe	90/136 (0.66)	104/136 (0.77)
[2. Appareil végétatif, 4. Fronde, 7. Limbe]	15. longueur des pennes	38/105 (0.36)	90/105 (0.86)
[2. Appareil végétatif, 4. Fronde, 7. Limbe]	16. largeur des pennes	29/105 (0.28)	90/105 (0.86)
[2. Appareil végétatif, 4. Fronde, 7. Limbe]	17. rapport longueur/largeur des pennes	44/105 (0.42)	90/105 (0.87)
[2. Appareil végétatif, 4. Fronde, 7. Limbe]	18. dimorphisme des pennes	36/105 (0.34)	36/105 (0.34)
[2. Appareil végétatif, 4. Fronde, 7. Limbe]	19. position du dimorphisme	28/66 (0.42)	33/66 (0.51)
[2. Appareil végétatif, 4. Fronde,	21. forme de la penne	7/28 (0.25)	13/28 (0.46)

7. Limbe]	terminale		
[2. Appareil végétatif, 4. Fronde, 7. Limbe]	22. forme des pennes	38/105 (0.36)	75/105 (0.72)
[2. Appareil végétatif, 4. Fronde, 7. Limbe]	23. base des pennes	76/105 (0.72)	79/105 (0.76)
[2. Appareil végétatif, 4. Fronde, 7. Limbe]	24. forme des pinnules	24/45 (0.53)	32/45 (0.73)
[2. Appareil végétatif, 4. Fronde, 7. Limbe]	25. insertion des pennes sur le rachis	54/105 (0.51)	65/105 (0.62)
[2. Appareil végétatif, 4. Fronde, 7. Limbe]	26. longueur du pétiolule	16/28 (0.57)	27/28 (1.0)
[2. Appareil végétatif, 4. Fronde]	27. fronde ailée	56/105 (0.53)	56/105 (0.53)
[2. Appareil végétatif, 4. Fronde]	28. fronde tripartite à la base	10/21 (0.48)	10/21 (0.48)
[2. Appareil végétatif, 4. Fronde, 7. Limbe]	29. nervation du limbe	96/136 (0.71)	96/136 (0.71)
[2. Appareil végétatif, 4. Fronde, 7. Limbe]	30. type de dichotomie	5/15 (0.33)	5/15 (0.33)
[2. Appareil végétatif, 4. Fronde, 7. Limbe]	31. organisation des nervures	4/15 (0.27)	6/15 (0.43)
[2. Appareil végétatif, 7. Limbe]	32. bordure du limbe	83/136 (0.61)	92/136 (0.68)
[2. Appareil végétatif, 4. Fronde, 6. Pétiole]	33. couleur du pétiole	84/136 (0.62)	86/136 (0.64)
[2. Appareil végétatif, 4. Fronde, 6. Pétiole]	34. longueur du pétiole	55/136 (0.4)	135/136 (1.0)
[2. Appareil végétatif, 4. Fronde, 9. Rhizome]	35. dimension du rhizome	42/136 (0.31)	42/136 (0.31)
[2. Appareil végétatif, 9. Rhizome]	36. port du rhizome	36/136 (0.26)	51/136 (0.38)
[2. Appareil végétatif, 9. Rhizome]	37. insertion des racines sur le rhizome	0/136 (0.0)	33/136 (0.24)
[3. Appareil reproducteur, 4. Fronde, 5. Sore]	38. nature de la fronde	0/136 (0.0)	8/136 (0.06)
[3. Appareil reproducteur, 4. Fronde, 5. Sore]	39. organisation des sporanges	30/136 (0.22)	30/136 (0.22)
[3. Appareil reproducteur, 4. Fronde, 5. Sore]	40. position des sores	14/105 (0.13)	14/105 (0.13)
[3. Appareil reproducteur, 4. Fronde, 5. Sore]	42. position des sores par rapport au limbe	33/91 (0.36)	33/91 (0.36)
[3.Appareil reproducteur, 5.Sore]	43. forme des sores	54/105 (0.51)	64/105 (0.61)
[3. Appareil reproducteur, 4. Fronde, 5. Sore]	44. indusie	86/136 (0.63)	86/136 (0.63)

[2. Appareil végétatif, 4. Fronde, 7. Limbe, 8. Revêtement]	48. revêtement ou indument	30/136 (0.22)	30/136 (0.22)
[2. Appareil végétatif, 4. Fronde, 7. Limbe, 8. Revêtement]	49. position du revêtement sur la plante	6/105 (0.06)	46/105 (0.45)
[2. Appareil végétatif, 8. Revêtement, 9. Rhizome]	50. revêtement du rhizome	0/91 (0.0)	6/91 (0.07)
[2. Appareil végétatif, 8. Revêtement, 9. Rhizome]	51. forme des écailles du rhizome	48/91 (0.53)	67/91 (0.74)
[2. Appareil végétatif, 8. Revêtement, 9. Rhizome]	52. couleur des écailles du rhizome	32/91 (0.35)	56/91 (0.62)
[2. Appareil végétatif, 4. Fronde, 6. Pétiole, 7. Limbe, 8. Revêtement]	53. revêtement du pétiole	15/36 (0.42)	15/36 (0.42)
[2. Appareil végétatif, 8. Revêtement]	54. densité des écailles du pétiole	12/21 (0.57)	12/21 (0.57)
[2. Appareil végétatif, 4. Fronde, 7. Limbe, 8. Revêtement]	58. revêtement du limbe	0/6 (0.0)	0/6 (0.0)
[2. Appareil végétatif, 4. Fronde, 7. Limbe, 8. Revêtement]	59. type de revêtement	6/6 (1.0)	6/6 (1.0)
[2. Appareil végétatif, 4. Fronde, 7. Limbe, 8. Revêtement]	60. taille des muruquosités du limbe	0/0 (0.0)	0/0 (0.0)
[2. Appareil végétatif, 4. Fronde, 7. Limbe, 8. Revêtement]	61. couleur de la couche farineuse	0/0 (0.0)	0/0 (0.0)
[2. Appareil végétatif, 4. Fronde, 7. Limbe, 8. Revêtement]	62. densité des poils du limbe	0/0 (0.0)	0/0 (0.0)

Pour des besoins pratiques d'identification des taxons sur le terrain, une clé papier est également créée et permet d'identifier l'ensemble des taxons présents au Togo (tous les taxons sont décrits en annexe 2). Elle a été créée manuellement à partir des observations effectuées directement sur les spécimens. Elle est basée sur l'écologie et les caractères du sporophyte. Cette clé se présente de la façon suivante:

1- a/ Plante aquatique, partiellement ou totalement immergée, vivant en mangrove ou en eau douce..**2**
      b/ Plante terrestre, lithophyte ou épiphyte..**3**

2- a/ Plante de mangrove, limbe coriace, oblong-lancéolé, penné, pennes inférieures courtement pétiolées et pennes terminales sessiles, sores acrostichoïdes (sporanges couvrant complètement la surface inférieure du limbe..*Acrostichum aureum*
      b/ Plante d'eau douce, totalement immergée, limbe à texture membraneuse, lancéolé, frondes fertiles 2 à 4-penné, sporanges protégées par la marge réfléchie du limbe..*Ceratopteris thalictroides*

3-   a/ Fronde entière ou flabellée..4
     b/ Fronde pennée, pinnatifide, pluri-pennée ou pluri-pinnatifide.......................5

4-   a/ Plante épilithe, limbe flabellé, coriace, pétiole lâchement écailleux..*Actiniopteris radiata*
     b/ Plante épiphyte, limbe linéaire-lancéolée, pétiole noirâtre à la base, sores marginaux immergées..*Haplopteris guineensis* var *guineensis*

5-   a/ Fronde pennée...6
     b/ Fronde pluri-pennée ou pluri-pinnatifide...9

6-   a/ Pennes longuement pétiolés......................................*Adiantum philippense*
     b/ Pennes sessiles, ou sub-sessiles..7

7-   a/ Pennes profondément ou légèrement incisés généralement poilus devenant plus petit au sommet du limbe, oblongues à deltoïde, rachis et pétiole brun sombres, densément poilus...*Adiantum incisum*
     b/ Pennes entières ou lobées, oblongues, ovales ou lancéolées, glabres, pétiole et rachis noirs et brillants..8

8-   a/ Sores linéaires, protégées par la marge réfléchie du limbe, penne terminale semblable aux latérales, limbe vert foncé, coriace...*Pellaea doniana*
     b/ Sores oblong-réniformes, pennes lobées et crénelées sur la marge supérieure, limbe vert pâle, texture papyracée..*Adiantum schweinfurthii*

9-   a/ Sores en forme de croissant, pinnules rhomboïdales-dimidiées, à marge supérieure incisée..*Adiantum vogelii*
     b/ Sores linéaires, pinnules non rhomboïdales-dimidiées.............................10

10- a/ Pétiole noir..11
     b/ Pétiole non noir...13

11- a/ Limbe oblong-lancéolé, non ailé, portant une couche farineuse blanche sur la face inférieure..*Pityrogramma calomelanos* var *calomelanos*
     b/ Limbe deltoïde, largement ailé, tripartite à la base, sores marginaux.....................12

12- a/ Sores linéaires, interrompus..*Doryopteris kirkii*
     b/ Sores linéaires continues sur toute la marge du limbe, sauf au fond des sinus..*Doryopteris concolor* var *nicklesii*

13- a/ Limbe ovale-deltoïde, vert-clair, tripenné, à pennes aussi longues ou presque aussi longues, limbe à texture herbacée..*Pteris tripartita*
     b/ Limbe lancéolé, à contour deltoïde, oblong, elliptique ou ovale, pennes basales développées basiscopiquement...14

14- a/ Sores linéaires, n'atteignant ni le fond du sinus, ni l'apex des pinnules, base du pétiole rougeâtre..*Pteris togoensis*
b/ Sores en U, faisant presque tout le tour des pinnules, interrompus au sommet........**15**

15- a/ Fronde deltoïde, plus ou moins lancéolée, pétiole brun, pennes simples ou pinnatifides, les deux types pouvant coexister sur la même fronde, oblongues-lancéolées..*Pteris burtonii*
b/ Fronde non deltoïde, pétiole de couleur paille, pennes pinnatifides uniquement.....**16**

16/ a/ Pétiole canaliculé, muriculé, violacée ou brunâtre à la base, pennes et pinnules oblongues-lancéolées, limbe prolifère..*Pteris similis*
b/ Pétiole rougeâtre à la base, pennes oblongues, pinnules oblongues-falciformes, limbe non-prolifère..*Pteris atrovirens*

C. Habitat, distribution et statut de conservation des Pteridaceae du Togo

Les Pteridaceae occupent une grande diversité d'habitats au Togo. Ainsi, hormis *Haplopteris guineensis* (Desv.) Crane var *guineensis* qui est un taxon exclusivement épiphyte, *Ceratopteris thalictroides* (L.) Brong.et *Acrostichum aureum* L qui sont des espèces aquatiques, toutes les autres Pteridaceae du Togo sont exclusivement terrestres. Elles se retrouvent entre autres sur des rochers, des flancs de collines et de montagnes, des falaises, mais avec des préférences particulières pour les berges de cours d'eau et les cascades.

Figure 8: Paysage peu perturbé dans la forêt d'Assoukoko (Photo: ABOTSI Komla Elikplim, 2013)   Figure 7: Paysage très perturbé à Yikpa Dzigbé (Danyi) (Photo: ABOTSI Komla Elikplim, 2013)

Elles sont observées cantonnées dans des zones refuges de biodiversité. Au Togo, ces zones refuges sont constituées par les forêts humides de la zone écologique 4 (figures 7 et 8), les lambeaux de forêts des zones écologiques 2, 3 et 5 et les forêts galeries le long des cours d'eau. Les Pteridaceae se trouvent dans toutes les zones écologiques du Togo sauf la zone 1 mais certains taxons sont inféodés à des localités précises. Au vu des données de toutes récoltes effectuées sur les Pteridaceae au Togo, la zone écologique 4 s'avère être la plus propice au développement des Pteridaceae avec 14 espèces recensées. Les zones 2 et 5 s'avèrent également intéressantes mais avec une plus faible diversité (5 espèces recensées chacune). Ces taxons vivent généralement en milieu fermé mais les espèces du genre *Adiantum* L. peuvent par contre vivre aussi bien en milieu ouvert que fermé avec une très grande diversité d'habitats. Malheureusement, l'état avancé de la déforestation au Togo et la fragmentation des habitats qui en est la conséquence menace fortement la présence des Pteridaceae dans la région (voir figure 7). Leur distribution au Togo est illustrée par la carte de la figure 9. Quelques espèces représentatives de la zone écologique 4 sont illustrées par les figures 10 à 20.

La présence de certains taxons serait menacée au Togo par leur faible distribution sur le territoire togolais (figures 22 à 38), mais aussi à cause des effets néfastes des changements climatiques actuels et surtout à cause des pressions anthropiques élevées qui pèsent sur ces derniers. Aussi, *Pteris similis* Kuhn n'a été retrouvé que dans une forêt galerie près du village de Dikpéléou dans l'Adélé (figure 36). De plus l'espèce n'est pas abondante dans la zone. Seulement quelques pieds isolés ont été rencontrés. D'autres espèces telles *Acrostichum aureum* L et *Actiniopteris radiata* Link ont aussi une répartition très faible (figures 22 et 23). La première espèce est retrouvée dans la mangrove aux environs d'Aného et la seconde sur des terrasses naturelles dans la zone de Kara. En outre leur aire de répartition coïncide avec des zones à densités humaines très élevées (MPDAT, 2010), ce qui augmente le niveau de menace pesant sur ces taxons. Par contre d'autres taxons tels *Pityrogramma calomelanos* (L.) Link. var *calomelanos*, *Pteris burtonii* Bak., *Adiantum philippense* L. et *Pellaea doniana* J. Sm. ex Hook ont une distribution beaucoup plus large à travers les différentes zones écologiques.

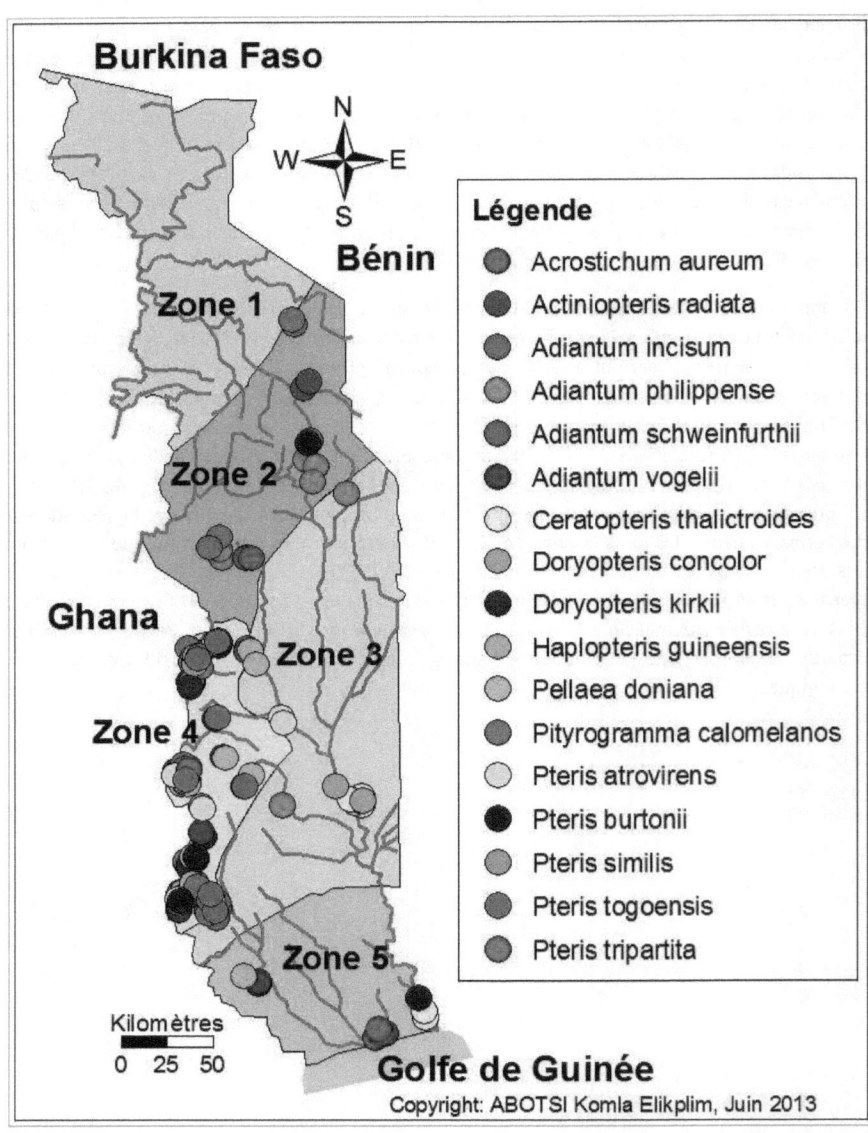

Figure 9: Carte du Togo montrant la distribution des Pteridaceae au sein des zones écologiques. Les données proviennent de tous les spécimens récoltés au Togo pour la famille. Toutes les espèces sont représentées dans la zone écologique 4 sauf *Acrostichum aureum* L. (zone écologique 5), *Actiniopteris radiata* Link. (zone écologique 2) et *Ceratopteris thalictroides* (L.) Brongn. (zones écologiques 2, 3 et 5). La majorité des taxons est exclusive à la zone écologique 4.

Figure 10: *Adiantum schweinfurthii*
Figure 11: *Pteris atrovirens*
Figure 12: *Adiantum vogelii*
Figure 13: *Pteris burtonii*
Figure 14: *Pteris similis*
Figure 15: *Adiantum incisum*
Figure 16: *Pellaea doniana*
Figure 17: *Pteris tripartita*
Figure 18: *Pityrogramma calomelanos var calomelanos*
Figure 19: *Doryopteris kirkii*
Figure 20: *Pteris togoensis*

Figures 10 à 20: Quelques espèces représentatives des Pteridaceae du Togo *in situ*

Photos : ABOTSI Komla Elikplim, 2013

D. Valorisation des Pteridaceae dans la zone écologique 4

Les Pteridaceae constituent un groupe assez peu connu et utilisé dans la zone écologique 4 autant par la communauté scientifique que par les populations locales. Le même nom est attribué à presque toutes les espèces de fougères et quelques rares noms vernaculaires spécifiques sont attribués aux taxons qui entrent le plus dans leurs usages. Elles demeurent encore des plantes sauvages et n'ont pas encore fait l'objet de domestication dans les jardins d'horticulture ni dans les jardins botaniques. Ainsi, à Agou en pays Ewé, la plupart des fougères sont nommées "adawagbé" et parmi les Pteridaceae, seule *Pityrogramma calomelanos* (L.) Link var *calomelanos* est nommé "powder gbé". En pays Adélé, la plupart des fougères se nomme "tsungufa". Malgré la réticence des populations à partager leurs connaissances, il est constaté qu'à Agou *Pityrogramma calomelanos* (L.) Link var *calomelanos* est utilisé comme substitut du talc et pour se tatouer temporairement des motifs grâce à la couche farineuse de la face inférieure de son limbe. Cette pratique est principalement destinée à l'attraction touristique. L'infusion de la fronde d'*Adiantum philippense* L. y est recommandée pour le traitement de l'hypertension artérielle. *Doryopteris kirkii* (Hook.) Alston. intervient quant à lui dans le traitement de l'épilepsie chez les enfants en pays Adélé.

IV. Discussion

A. Taxonomie et nomenclature W

Les Pteridaceae ont connu beaucoup de révisions nomenclaturales et taxonomiques. Les taxons présents au Togo n'échappent pas à la règle (tableau 2). Trois délimitations de familles dans la base de données RIHA de l'herbier de Lomé correspondent à la délimitation actuelle des Pteridaceae: les "Adiantaceae", les "Vittariaceae" et les "Pteridaceae". Elles sont aujourd'hui traitées dans une famille unique, celle des Pteridaceae. En tout 19 noms ont été obtenus de la base RIHA dont 16 correspondent à la délimitation actuelle des Pteridaceae alors que deux autres espèces du genre *Nephrolepis* sont désormais traitées au sein des Nephrolepidaceae (Hennequin et *al.* 2010). La dernière espèce (*Pellaea doniniana* Link) ne correspond à aucun taxon décrit. Parmi les 16 noms restants, 4 sont mis en synonymie. Le nom *Pteris togoensis* Hieron est encore considéré comme irrésolu dans les bases de données internationales comme "The Plant List" (The Plant List, 4 Juin 2013). Certains auteurs le placent en synonymie de *Pteris catoptera* Kunze var *catoptera* (Verdcourt 2002). D'autres le considèrent comme un taxon distinct (Roux 2001, 2003). Il a donc été décidé dans le cadre de cette étude de conserver le nom *P. togoensis* Hieron en respectant la liste de synonymie la plus récente. *Vittaria guineensis* Desv. est transféré dans le genre *Haplopteris* mais reste toujours intégré à la famille (Crane 1997). Enfin *Pteris similis* Kuhn a été retrouvé dans la zone écologique 4 mais il ne figure pas dans la base RIHA de l'herbier de Lomé (annexe 2). L'espèce a pourtant été signalée au Togo (Roux 2001) sans que sa présence ne soit attestée par des spécimens dans les deux herbiers consultés dans le cadre de cette étude (TOGO et P). Il est toutefois possible que les spécimens de référence soient disponibles dans un autre herbier ou que cette distribution provienne d'une extrapolation de son aire de distribution avérée.

Tableau 2: Etat actuel de la systématique des Pteridaceae présents au Togo. ☐ Nom scientifique n'ayant subi aucun acte nomenclatural, ☐ Nom scientifique ayant subi un acte nomenclatural, ☐ Nom scientifique inexistant dans la littérature scientifique, ☐ Nom scientifique irrésolu, ☐ Espèces transférées dans une autre famille, ☐ Nom scientifique inexistant dans la base RIHA de l'herbier de Lomé

Données RIHA-HL		Données actuelles		
Famille	Nom	Famille	Nom actuel	Synonymes
Pteridaceae	*Acrostichum aureum* L.	Pteridaceae	*Acrostichum aureum* L.	*Acrostichum inaequale* Willd. *Chrysodium inaequale* (Willd.) Fée. *Chrysodium vulgare* Fée. *Chrysodium aureum* (L.) Mett. *Acrostichum guineense* Gaudich
Adiantaceae	*Actiniopteris radiata* (Sw) Link	Pteridaceae	*Actiniopteris radiata* (Sw) Link	*Acrostichum dichotomum* Forssk. *A. radiatum* (Sw.) Poir. *Asplenium radiatum* Sw *Acropteris radiata* (Sw.) Link, *Pteris radiata* (Sw.) Bojer, *Asplenium polydactylon* Webb. *Actiniopteris australis* [sensu Sim, non (L.f.) Link] *A. australis var. radiata* (Sw.) C. Chr
Adiantaceae	*Adiantum incisum* Forssk	Pteridaceae	*Adiantum incisum* Forssk	*Adiantum capillus-gorgonis* Webb , *A. caudatum* Hook, *A. caudatum* var. *hirsutum* Kuhn, *A. zollingeri* Carruth.
Adiantaceae	*Adiantum philippense* L.	Pteridaceae	*Adiantum lunulatum* Burm.	*Adiantum philippense* L., *A. lunulata* Burm, *A. lunatum* Cav. *A. arcuatum* Sw
Adiantaceae	*Adiantum schweinfurthii* Kuhn	Pteridaceae	*Adiantum schweinfurthii* Kuhn	*Adiantum chevalieri* Christ
Adiantaceae	*Adiantum vogelii* Mett ex Keyserl	Pteridaceae	*Adiantum vogelii* Mett ex Keyserl	*Adiantum tetraphyllum* Hook. & Bak. *A. tetraphyllum* var. *obtusum* Kuhn. *A. tetraphyllum* var. *vogelii* (Keyserl.) Bonap
Adiantaceae	*Ceratopteris cornuta* (Beauv) Lepr	Pteridaceae	*Ceratopteris thalictroides* (L) Brongn	*Acrostichum thalictroides* L. *A. siliquosum* L. *Pteris thalictroides* .(L.) Sw *P. siliquosum* .(L.) P. Beauv, *P. cornuta* P. Beauv, *Ceratopteris gaudichaudii* Brongn., *C. cornuta* (P. Beauv.) Lepr. *C. siliquosa* (L.) Copel. *C. thalictroides* Schelpe var. *thalictroides C. thalictroides* var. *cornuta* (P. Beauv.) Schelpe
Adiantaceae	*Doryopteris concolor* var *kirkii* (Hook) Alston	Pteridaceae	*Doryopteris kirkii* (Hook) Alston	*Doryopteris concolor* var *kirkii* (Hook.) Wiss.,*Cheilanthes kirkii* Hook *Pellaea geraniifolia* Oliv.,*Doryopteris concolor* (Langsd. & Fisch.) Kuhn *Cheilanthes argentea* sensu Peter non (Gmel.) Kunz, *Adiantum palmatum* Schumach.
Adiantaceae	*Doryopteris concolor* var *nicklesii* (Tard) Schelpe	Pteridaceae	*Doryopteris concolor* var *nicklesii* (Tard) Schelpe	*Doryopteris nicklesii* Tardieu, *Pellaea geraniifolia* (Raddi) Fée
Adiantaceae	*Pellaea doniana* J. Sm ex Hook	Pteridaceae	*Pellaea doniana* J. Sm ex Hook	*Pteris doniana.* (Hook.) Kuhn *Pteridella doniana* (Hook.) Kuhn
Adiantaceae	*Pellaea doniniana* Link	-	-	-

21

Family	Species		Synonyms
Adiantaceae	Pityrogramma calomelanos (L.) Link var. calomelanos	Pityrogramma calomelanos (L.) Link var. calomelanos	Acrostichum calomelanos. L. Acrostichum ebeneum.L. Gymnogramma calomelanos (Link) Kaulf. Ceropteris calomelanos (L) Pityrogramma chamaesorus Domin. Pityrogramma insularis Domin
Adiantaceae	Nephrolepis bisserata (Sw.) Schott	Nephrolepis bisserata (Sw.) Schott	Aspidium acuminatum Willd. A. acutum Schkuhr, A. biserratum Sw .A. ensifolium Schkuhr A. guineense Schumach. A. punctulatum Sw.Hypopeltis biserrata (Sw.) Bory Lepidoneuron biserratum (Sw.) Fée L. punctulatum (Poir.) Fée. L. rufescens (Schrad.) Fée .Nephrodium acuminatum (Willd.) Desv. N. acuminatum (Willd.) C. Presl. N. acutum (Schkuhr) C. Presl N. biserratum (Sw.) C. Presl N. biserratum (Sw.) Desv. N. punctulatum (Sw.) Desv N. rufescens Schrad. Nephrolepis acuminata (Willd.) C.Presl N. acuta (Schkuhr) C.Presl. N. biserrata subsp. punctulata (Poir.) Bonap. N. ensifolia (Schkuhr) Kuntze N. exaltata var. biserrata (Sw.) Baker N. hirsutula var. acuta (Schkuhr) Kuntze N. hirsutula var. biserrata (Sw.) Kuntze N. mollis Rosenst. Nephrolepis punctulata (Poir.) C.Presl N. rufescens (Schrad.)C.Presl ex Wawra Polypodium neprolepioides H.Christ P. punctulatum Poir.Tectaria fraxinea Cav.
Adiantaceae	Nephrolepis undulata (Afzel. ex Sw) J.Sm	Nephrolepis undulata (Afzel. ex Sw) J.Sm	Aspidium undulatum Afzel. ex Sw. Nephrolepis filipes C.Chr. N. intermedia Fée N. occidentalis Kuntze N. pluma Moore N. tuberosa var. undulata Mett
Vittariaceae	Vittaria guineensis (Desv) var camerooniana	Haplopteris guineensis (Desv) Crane var guineensis	Vittaria guineensis Desv. Pteris guineensis (Desv.) Desv, Vittaria congoensis H. Christ. Vittaria guineensis var. cancellata Hieron
Pteridaceae	Pteris atrovirens Wild	Pteris atrovirens Wild	Pteris spinulifera Schum
Pteridaceae	Pteris burtonii Bak.	Pteris burtonii Bak.	Pteris johnstonii Bak, P. aethiopica Christ. P. atrovirens var. cervonii Bonap. P. burtonii var. aethiopica (Christ) Tardieu
Pteridaceae	Pteris marginata Bory	Pteris tripartita Sw.	Pteris marginata Bory, Litobrochia tripartita (Sw.) Presl
Pteridaceae	Pteris togoensis Hieron	Pteris togoensis Hieron	Pteris kamerunensis Hieron, P. quadriaurita [sensu Sim non Retz.] P. biaurita [sensu Sim non L.]
-		Pteridaceae	Pteris congoensis Christ. P. spinulifera [sensu Tardieu]

Les Pteridaceae du Togo sont réparties en 4 sous-familles comme le montre le tableau 3. Il en ressort que la diversité des Pteridaceae du Togo ne concerne que 4 des 5 sous-familles de Pteridaceae présentes dans le monde. La sous-famille des Cryptogrammoideae est absente de la flore togolaise et ne possède donc pas de représentant.

Tableau 3: Place des espèces togolaises dans les sous-familles de Pteridaceae. Les Pteridoideae (fougères diverses à spores portant un périnée non visible) sont les plus représentées avec 6 espèces et 1 genre, les Vittarioideae (essentiellement épiphytes et épilithes) suivent avec 5 espèces et 2 genres. Les Cheilanthoideae (espèces préférant les conditions xériques) comptent 2 espèces dans 2 genres et les Ceratopteridoideae (espèces aquatiques) ne sont représentées que par une seule espèce.

Nom scientifique	Genre	Sous-famille
Ceratopteris thalictroides (L) Brongn	*Ceratopteris*	Ceratopteridoideae
Doryopteris kirkii (Hook) Alston	*Doryopteris*	Cheilanthoideae
Pellaea doniana J. Sm ex Hook	*Pellaea*	Cheilanthoideae
Pityrogramma calomelanos (L.) Link var. *calomelanos*	*Pityrogramma*	Pteridoideae
Pteris atrovirens Wild	*Pteris*	Pteridoideae
Pteris burtonii Bak.	*Pteris*	Pteridoideae
Pteris togoensis Hieron	*Pteris*	Pteridoideae
Pteris tripartita Sw.	*Pteris*	Pteridoideae
Pteris similis Kuhn	*Pteris*	Pteridoideae
Adiantum incisum Forssk	*Adiantum*	Vittarioideae
Adiantum philippense L.	*Adiantum*	Vittarioideae
Adiantum schweinfurthii Kuhn	*Adiantum*	Vittarioideae
Adiantum vogelii Mett ex Keyserl	*Adiantum*	Vittarioideae
Haplopteris guineensis (Desv) Crane var *guineensis*	*Haplopteris*	Vittarioideae

B. Etat actuel de la diversité et statut de conservation des Pteridaceae du Togo.

Les Pteridaceae du Togo sont assez diversifiées si l'on se réfère d'une part à la pauvreté en fougères du continent africain par rapport aux autres zones tropicales et surtout Madagascar (Tryon 1986; Kornas 1993) et d'autre part à la faiblesse de la diversité en Monilophytes de l'Ouest africain par rapport à l'Est (Schelpe 1983). Cette diversité est rendue possible par la présence de zones refuges (Aldasoro et *al.* 2004) que constituent la chaine de l'Atakora et le Mont Agou. Les travaux de Moran (1995, 2002) ont effectivement démontré la relation étroite qui existe entre la présence des chaînes de montagnes, l'humidité, l'ombre et la diversité en fougères d'une région. La famille y compte effectivement 17 espèces réparties en 9 genres dont 14 sont présentes dans la zone écologique 4. Cette diversité est de nos jours encore présente dans l'ensemble de la zone malgré la diminution de l'abondance et la fréquence des taxons voire la disparition de certaines espèces dans certaines localités. Cette diminution de leur aire de répartition qui équivaut à un retranchement dans les aires refuges reliques est essentiellement due aux changements climatiques, aux feux de brousse, à la déforestation et la fragmentation connexe des habitats. En effet, des études récentes dans la zone écologique 2 ont démontré l'implication des changements climatiques dans la mortalité élevée des arbres (Adjonou et *al.* 2009). Les travaux récents sur l'histoire des végétaux chlorophylliens ont démontré que bien que les fougères soient antérieures à l'apparition des Angiospermes, la plus grande partie de la diversité actuellement connue des fougères serait plutôt postérieure aux Angiospermes (Pryer et *al*. 2004). Les fougères actuelles se seraient donc développées pour la plupart à l'ombre des Angiospermes actuels et y sont donc très dépendants. L'explosion démographique qui a suivi l'accès aux soins modernes à partir des années 1970 a entrainé la recherche de nouvelles terres cultivables par les populations togolaises. Les peuples du Nord ont progressivement colonisé les terres fertiles de la zone écologique 4 qui correspond malheureusement à la zone forestière du pays, principal refuge des fougères en général. Ainsi, profitant des troubles sociopolitiques des années 1990 et des disfonctionnements des services de l'état, les populations togolaises ont envahi sur l'ensemble du pays les aires protégées à la recherche de terres cultivables, de bois de chauffe, de service et d'œuvre. La conséquence majeure pour les Pteridaceae est la perte de leurs habitats préférentiels. Les travaux dans la zone écologique 4 ont aussi montré l'effet de cette pression anthropique en couplage avec le changement climatique (Adjossou 2009). Ce dernier avait conclu que la fragmentation des habitats n'est pas particulièrement dommageable pour la flore des forêts humides de la zone 4 en général à cause de l'effet lisière qui permet d'accroitre la diversité de ces forêts. Malgré tout, cet accroissement de diversité ne peut être observé chez les Pteridaceae par manque de sites d'envahissement proches de la zone. L'absence d' *Haplopteris guineensis* (Desv) Crane var *guineensis* dans les dernières récoltes va dans le même sens que les résultats précédents qui notent une diminution progressive des taxons épiphytes dans la zone écologique 4 (Adjossou 2009).

Au Togo, les efforts de reboisement passent généralement par la mise en place de vastes plantations de teck (*Tectona grandis*), une plante exotique (MERF, 2009). Malheureusement, ce remplacement progressif des écosystèmes naturels par ces plantations monospécifiques fait reculer au même moment l'habitat des fougères en général et celui des Pteridaceae en particulier. De ce fait, la quasi-totalité des Pteridaceae n'arrivent pas à se développer dans ces formations artificielles. *Adiantum philippense* L est néanmoins présent dans les jeunes plantations. Par ailleurs, le constat est plus alarmant pour les familles qui présentent une plus grande spécialisation écologique telles les Aspleniaceae et les orchidées. L'expansion des plantations et des terres cultivables est également une menace réelle pour la diversité des Pteridaceae. En effet, avec l'expansion de l'agriculture et l'effet des feux de brousse aux dépens des formations naturelles, le Togo risque de perdre *Pteris similis* Kuhn (figure 14), un taxon qui n'a été retrouvée qu'à Dikpéléou. L'inadéquation des politiques de reboisement avec la conservation de la diversité biologique pour l'ensemble du Togo et le manque de spécialistes de groupes systématiques autres que les Angiospermes ont pour conséquence le délaissement de la composante systématique au profit des composantes écologique et économique (production de bois). Les prérogatives actuelles sur le stock du carbone favorisent les espèces qui stockent plus de carbone sans faire forcément référence à la flore locale. De ce fait, les plantations de ligneux tels que *Tectona grandis*, *Eucalyptus sp*, *Gmelina arborea*, *Nauclea diderrichii* et *Senna siamea* qui sont pour la plupart exotiques (MERF, 2009) sont encouragés pour leur capacité de stockage de carbone et/ou leur valeur économique malgré leur impact sur la biodiversité associée aux formations naturelles auxquelles elles sont substituées. Il est regrettable de constater qu'à l'allure où la déforestation prend de l'ampleur au Togo (MERF, 2009) et dans la sous-région, ces espèces risquent de disparaître pour toujours de la flore locale. Il est donc crucial que les efforts soient couplés entre les gouvernants de la sous-région ouest-africaine d'une part et en accord avec les exigences et besoins des populations locales d'autre part pour mettre en place des politiques communes de gestion et de conservation de toute la biodiversité (Adjonou 2012). Il faudrait aussi envisager la conservation *ex-situ* dans les jardins d'horticulture, les parcs attractifs, les jardins botaniques de même que la restauration et la conservation des aires naturelles dégradées pour conserver la diversité des Pteridaceae et des autres fougères du Togo.

C. Avantages et limites de la clé d'identification obtenue sous Xper^2

La clé d'identification obtenue sous Xper^2 est une clé artificielle assistée par ordinateur. Elle permet de s'affranchir des chemins d'identifications imposés dans les clés papier et permet de commencer l'identification par le caractère le plus pertinent ou le plus accessible pour l'utilisateur. Elle s'adapte donc à toutes les situations et à la qualité du spécimen à déterminer. De plus, la clé est modifiable à volonté afin de la rendre plus efficace. Des descripteurs ainsi que des états de caractères peuvent être rajoutés ou soustraits sans porter préjudice à l'intégrité de la clé. Enfin, des nouveaux taxons peuvent être rajoutés à l'infini dans la même clé. Par contre dans une clé papier, tout ajout de taxon et/ou de redéfinition des caractères nécessite une réécriture complète de celle-ci. Les nœuds de la clé ne correspondent pas forcément à des caractères facilement observables sur n'importe quel spécimen surtout si certains caractères clés manquent. Ainsi il est par exemple plus rapide de reconnaitre *Acrostichum aureum* L. par ses sores acrostichoïdes, étant la seule Pteridaceae à présenter ce caractère au Togo. Malgré tout, à défaut d'une utilisation de la clé XPER sur des supports mobiles, la clé papier demeure la plus pratique sur le terrain. Xper^2 permet de générer une clé papier via le module de création de clés en ligne du LIS. Les clés obtenues ne sont pas forcément plus pratiques qu'une clé créée à la main puisqu'elles sont créées sur des bases statistiques (indices XPER, Jaccard ou Sokal & Michener) et ne prennent pas en compte *a priori* certains impératifs et contraintes du terrain ou de l'utilisateur. L'avantage de l'utilisation de Xper^2 dans sa version actuelle en systématique réside donc plus dans la mise en place d'une base de connaissances complète que dans l'identification des taxons sur le terrain. Cependant, les développements actuels sur le portage du logiciel sur les outils mobiles (comme la version Android) laissent présager à terme d'une réelle utilité voire d'un plus en identification sur le terrain.

La base de connaissances éditée dans le cadre de cette étude constitue une base solide pour l'édition d'une base générale prenant en compte toutes les fougères du Togo. De nouvelles récoltes sont alors attendues sur l'ensemble du territoire togolais pour compléter et améliorer les performances de la base. Ces futurs travaux permettront d'enrichir, de diversifier et d'adapter la liste des descripteurs et de leurs états afin d'élargir la base aux autres familles de fougères du Togo et d'ailleurs. Des recherches plus poussées sur la valorisation de la famille sur l'ensemble du pays et dans toute la sous-région ouest-africaine permettront de rendre la base de connaissances plus utile autant pour les scientifiques que pour les populations locales.

D. Comparaison de la valorisation des Pteridaceae au Togo avec l'Afrique de l'ouest

Les Pteridaceae sont sous-utilisés dans la zone écologique 4. Pourtant c'est la zone où il y a plus de fougères, donc avec plus de potentialités et d'utilisations possibles. Cette faible utilisation des fougères n'est pas propre au Togo. En effet quelques rares utilisations seulement de la famille existent en Afrique de l'Ouest. Burkill (1985) soulignait déjà dans son document sur les plantes utiles de l'Afrique occidentale tropicale qu'*Adiantum philippense* L. pouvait être utilisé en horticulture et en médecine. Ainsi, il relève que la plante est utilisée dans les cas suivants: troubles sanguins; maladies cutanées et sous-cutanées; infections parasitaires, paralysie, épilepsie, convulsions, spasmes. La fronde est aussi utilisée comme abortif et ecbolique, pour les problèmes cardiaques et les troubles pulmonaires. Le rhizome est utilisé comme fébrifuge, dans le traitement des problèmes rénaux, en tant que diurétique, contre les tumeurs et les cancers. Il y indique aussi qu'*Adiantum vogelii* Mett. ex Keyserl. est utilisé contre les infections parasitaires, les affections cutanées et sous-cutanées, l'hydropisie, les œdèmes, la goutte, la lèpre, la malnutrition et la débilité. De même, *Ceratopteris thalictroides* (L.) Brongn. est utilisé comme compost en agriculture, dans l'alimentation humaine et en médecine. Par ailleurs, il est indiqué qu'au Nigéria, les jeunes frondes d'*Adiantum incisum* Forssk. sont utilisées en infusion contre le paludisme et les maladies bronchiques (Nwosu 2002). Cette sous-utilisation des fougères et des Pteridaceae en particulier est principalement due à la faible distribution et la faible diversité du groupe dans la sous-région auxquelles s'ajoute la perte des connaissances causée par le désintéressement des générations actuelles vis à vis de la phytothérapie traditionnelle et les innombrables cas d'intoxication dus à une mauvaise utilisation des plantes.

A l'issue de cette étude, il est proposé que les Pteridaceae du Togo puissent être intégrés dans les jardins, les jardins botaniques et les parcs attractifs afin de tirer le meilleur de leurs potentialités horticoles et médicinales et d'en dégager des bénéfices économiques importants. Au vu de l'incapacité de certaines populations à accéder aux soins modernes, une utilisation plus accrue et plus large de ces taxons dans le traitement des maladies pourrait être d'un sérieux atout. Un contrôle et un suivi rigoureux de la posologie, des indications et contre-indications devront néanmoins être observés afin d'éviter toute intoxication grave liée à une mauvaise utilisation. Enfin, les fougères pourraient être utilisées à l'avenir comme indicateurs du niveau de préservation des milieux naturels puisque moins un milieu est dégradé, plus sa diversité en fougère est élevée.

V. Conclusion

Cette étude sur les Pteridaceae du Togo a dans un premier temps permis de recadrer la nomenclature et les contours de la famille en accord avec la classification phylogénétique actuelle. Une nouvelle espèce est recensée pour la flore togolaise, ce qui porte le nombre total de Monilophytes à 85 espèces spontanées. Il s'agit de *Pteris similis* Kuhn. Il apparait donc également que la famille est assez diversifiée sur le territoire togolais avec 17 taxons de rang spécifique soit 20% de la diversité spécifique des Monilophytes du Togo dont 14 espèces présentes dans la zone écologique 4. Ces espèces appartiennent à 9 genres différents soit

23,7% de la diversité générique. Deux genres sont plutôt dominants au sein de la famille: les genres *Pteris* L. et *Adiantum* L. et regroupent 9 espèces. Cependant, malgré cette diversité (la plus élevée au sein des fougères), les Pteridaceae ne se distribuent pas uniformément sur l'ensemble du territoire national. La plupart des espèces sont inféodées à la zone écologique 4 du Togo qui bénéficie d'un climat tropical de type guinéen de montagne et d'une couverture forestière plus ou moins sempervirente. Quelques rares espèces sont néanmoins inféodées à la zone écologique 2 (*Actiniopteris radiata* (Sw) Link) ou 5 (*Acrostichum aureum* L.). La reconnaissance et la distinction des taxons entre eux est surtout fondée sur leur habitat, la forme et les divisions de leur limbe, l'organisation des sporanges en sores, la forme et la position de ces derniers, la nature et la position des pubescences (écailles, poils, muruquosités), et exsudats (couche farineuse) et dans une moindre mesure les dimensions du sporophyte.

La base de connaissances qui est créée à l'issue de cette étude sur les Pteridaceae du Togo intègre toutes les informations taxonomiques disponibles actuellement sur la famille et permet d'identifier rapidement et avec précision toutes les espèces recensées. Elle renseigne également sur la répartition géographique des taxons au Togo et dans le monde ainsi que sur leurs utilisations.

Il en ressort qu'au Togo, ces taxons sont plutôt inféodés aux milieux plus ou moins humides et de préférence en altitude. Ces milieux correspondent à des zones refuges de la biodiversité.

Des efforts doivent être entrepris par les chercheurs pour développer les compétences dans les secteurs quasi-vierges dont font partie les fougères. Cela permettra à court terme une meilleure prise en compte des fougères dans l'établissement des politiques de conservation et de gestion de la biodiversité. Des politiques de conservation transfrontalières sont ici conseillées afin de mieux préserver la biodiversité. Cette étude se veut être préliminaire à l'étude des Pteridaceae en particulier et des Monilophytes en général dans la sous-région ouest-africaine par l'utilisation de nouvelles techniques d'identification des taxons et de création de base de connaissances.

Il est demandé aux botanistes que les nouvelles collectes de plantes soient effectuées de la façon la plus moderne en y incluant des échantillons en silica-gel, nécessaires au bon déroulement des travaux sur la phylogénie et le moléculaire (Gaudeul et Rouhan. 2013), des domaines d'études encore embryonnaires voire inexistants en Afrique de l'Ouest. Enfin, une étude plus poussée des Pteridaceae et de l'ensemble des autres familles de fougères du Togo et de la zone forestière ouest-africaine serait nécessaire pour une meilleure connaissance, une meilleure gestion et une meilleure valorisation de ces taxons trop souvent négligés.

VI. Références bibliographiques

Adjonou. K., Bellefontaine. R., Kokou. K., 2009. Les forêts claires du Parc National Oti-Kéran au Nord-Togo, structure, dynamique et impacts des modifications climatiques récentes; Sécheresse, 1 (5): 1-10.

Adjonou K. 2012. Rapport de collecte des données nationales – Togo. UNEPWCMC technical report.

Adjossou K. 2009. Diversité, structure et dynamique de la végétation dans les fragments de forêts humides du Togo : les enjeux pour la conservation de la biodiversité. Thèse de Doct. Univ. De Lomé.

Aldasoro. J. J., Cabezas. F., et Aedo. C., 2004. Diversity and distribution of ferns in Sub-Saharan Africa, Madagascar and some islands of the South Atlantic, Journal of Biogeography 31, 1579–1604

Christenhusz, M.C.M., Schneider, H. et Zhang, X.C. 2011. A linear sequence of extant lycophytes and ferns. Phytotaxa19: 7–54.

Crane, E. H. 1997. A revised circumscription of the genera of the fern family Vittariaceae. Syst. Bot. 22: 509–517.

De Kesel A. et Guelly K. A. 2007. Quelques macromycètes de la chaîne de l'Atakora au Togo. Rapport du séminaire de mycologie au Togo (Afrique de l'ouest, du 2 au 26 Juillet 2007. Rapport d'étude financé par GTI Belgique. 43p.

Dourma, M. 2008., Les forêts claires à Isoberlinia docka Craib & Stapf et Isoberlinia tomentosa (Harms) Craib & Stapf (Fabaceae) en zone soudanienne du Togo: écologie, régénération naturelle et activités humaines. Thèse de Doctorat, Université de Lomé, 184 pp

Ern. H., 1979. Die Vegetation Togo. Gliederrung, Gefährdung, Erhaltung. Willdenowia 9 : 295-312.

Gaudeul, M., et Rouhan, G., 2013. A plea for modern botanical collections to include DNA-friendly material, Trends in Plant Science, Vol. 18, No. 4: 184-185

Guelly K. A. 2006 a. Les champignons comestibles du plateau Akposso. Rapport d'étude financé par la Recherche scientifique de l'Université de Lomé. 43 p.

Guelly K.A. 2006 b. Essais identification de quelques espèces du campus universitaire de Lomé et de la zone forestière du Togo Rapport de stage financé par GTI. Bruxelles. 38 p.

Hennequin, S., Hovenkamp, P. et Schneider, H. 2010. *Nephrolepis*-a tale of old settlers and young tramps. Botanical Journal of the Linnean Society 164: 113–127. http://dx.doi.org/10.1111/j.1095-8339.2010.01076.x

Kokou, K., Caballé, G., 2000. Les îlots forestiers de la plaine côtière togolaise. Bois et Forêts des Tropiques 263, 39–51.

Kokou, K., Adjossou. K., Kokutse A. D. 2008. Considering sacred and riverside forests in criteria and indicators of forest management in low wood producing countries: The case of Togo, ecological indicators 8: 158–169

Kornas, J. 1993. The significance of historical factors and ecological preference in the distribution of African pteridophytes. Journal of Biogeography, 20, 281-286.

Kramer, K.U. et Green, P.S. 1990. Pteridophytes and Gymnosperms. The families and genera of vascular plants (ed. by K. Kubitzki), pp. 1-404. Springer-Verlag, Berlin.

Lebbe J. et Vignes R. 1984. Apport de la micro-informatique en Biologie: le programme XPER et l'identification assistée par l'ordinateur (I.A.O.), Cah. Liaison OPIE 18 (1-4), 52-55, 41-43

Levêque, A. 1979. Carte pédologique du Togo à 1/200 000. Socle granito-gneissique limité à l'ouest et au nord par les Monts-Togo. Notice Explicative N° 82. Paris 77 p.

MERF, 2009. Quatrième rapport national de la convention des Nations Unies sur la diversité biologique.

Moran, R.C. 1995 The importance of mountains to Pteridophytes, with emphasis on Neotropical montane forests. Biodiversity and conservation of neotropical montane forests (édité. par S.P. Churchill), pp. 359–363. New York Botanical Garden, New York.

Moran, R.C. 2002 Tropical diversity. Fiddlehead Forum, 29, 14-15.

MPDAT, 2010. Quatrième recensement général de la population et de l'habitat, rapport provisoire

Nwosu, M. O. 2002. Ethnobotanical studies on some Pteridophytes of southern Nigeria. Economic Botany 56(3):255–259, 2002

Pryer, K.M., Schuettpelz, E., Wolf, P.G., Schneider, H., Smith, A.R. et Cranfill, R., 2004. Phylogeny and evolution of ferns (monilophytes) with a focus on the early leptosporangiate divergences. American Journal of Botany 91: p1582-1598..

Schelpe, E.A.C.L.E. 1970. Pteridophyta. Flora Zambesiaca (éd. par A.W. Exell et E. Launert), pp. 1-254. The Crown Agents for Overseas Governments and Administrations, London

Schelpe, E.A.C.L.E. 1983 Aspects of the phytogeography of African Pteridophyta. Bothalia, 14, 417–419.

Schneider, H., He, L., Hennequin, S., et Zhang, X. 2013. Towards a natural classification of Pteridaceae: inferring the relationships of enigmatic pteridoid fern species occurring in the Sino-Himalaya and Afro-Madagascar, Phytotaxa 77 (4): 49-60

Schuettpelz, E., Schneider, H., Huiet, L., Windham, M.D. et Pryer, K.M. 2007. A molecular phylogeny of the fern family Pteridaceae: assessing overall relationships and the affinities of previously unsampled genera. Molecular Phylogenetics and Evolution 44: 1172–1185. http://dx.doi.org/10.1016/j.ympev.2007.04.011

Smith, A.R., Pryer, K.M., Schuettpelz, E., Korall, P., Schneider, H. et Wolf, P.G. 2006. A classification for extant ferns. *Taxon* 55: 705-731.

Smith, A.R., Pryer, K.M., Schuettpelz, E., Korall, P., Schneider, H. et Wolf, P.G. 2008. Fern classification. *In*: Ranker, T.A. & Haufler, C.H. (eds.) Biology and Evoliution of Ferns and Lycophytes. Cambridge University Press, Cambridge, pp. 417–467.

Tryon, R.M. 1986. Some new names and combinations in Pteridaceae. American Fern Journal 76: 184-186. http://dx.doi.org/10.2307/1547432

Ung, V., Dubus, G., Zaragüeta-Bagils, R. et Vignes-Lebbe, R., 2010: Xper^2: introducing e-Taxonomy. Bioinformatics, 26: 703-704

Woegan, A. Y., 2007. Diversité des formations végétales ligneuses du Parc National de Fazao-Malfakassa et de la réserve de faune d'Alédjo (Togo). Thèse de Doctorat, Université de Lomé, 144 pp

Ouvrages consultés:

Burkill., H. M., 1985. The useful plants of west tropical Africa, Vol 5
Roux, J. P. 2001, Conspectus of Southern African Ferns, Southern African Botanical Diversity Network Report No. 13
Roux, J. P. 2003. Swaziland ferns and fern allies. Southern African Botanical Diversity Network Report No. 19. SABONET, Pretoria.
Tardieu-Blot, M.-L. 1964. Ptéridophytes. In: Aubréville, Flore du Cameroun, 3.
Muséum National d'Histoire Naturelle, laboratoire de Phanérogamie, Paris.
Tardieu-Blot, M.-L., 1964. Ptéridophytes. In: Hallé, N., Flore du Gabon, 8. Muséum National d'Histoire Naturelle, laboratoire de Phanérogamie, Paris.
Verdcourt, B. 2002. Flora of Tropical East Africa.

Base de données consultée:

"Herbarium togoense", base de données de l'herbier de Lomé (TOGO)

Sites internet consultés:

http://www.theplantlist.org/tpl/record/tro-26605625. Pteris togoensis Hieron.- The Plant List, 04 Juin 2013, 13h 05'

VII. Annexes

↓ Annexe 1: Fiche de terrain

Fiche N°		
Récolteur (s)		
Date de récolte		
N° spécimen		
Nom scientifique		
Noms locaux		
Coordonnées GPS (UTM)	X	
	Y	
	Altitude	
Localité		
Habitat		
Phénologie		
Couleur		
Type biologique		
Notes		

Figure 10: Fiche de terrain utilisée lors des travaux de récolte des spécimens

↓ Annexe 2: Description des Pteridaceae du Togo

A. *Acrostichum aureum* L. Sp. Pl. 2: 1069. 1753 [1 May 1753]. Lectotype, choisi par Schelpe (1969): Clifford Herbarium, 475: Acrostichum 1 (BM, lecto.)
-*Acrostichum inaequale* Willd. Sp. Pl., ed. 4, 5: 117 (1810). Types: Inde, Klein (B, syn., microfiche) & Philippines, Luzon, Petiver, Gazoph. t. 49/5 (syn.)
-*Chrysodium inaequale* (Willd.) Fée. Mém. Fam. Foug. 2: 100 (1845)
-*Chrysodium vulgare* Fée. Mém. Foug. 2: 97 (1845), nom. illegit. Type comme A. aureum
-*Chrysodium aureum* (L.) Mett. Fil. Hort. Bot. Lips.: 21 (1856); Hieron. in P.O.A. C: 80 (1895); F.D.-O.A.: 25 (1929)

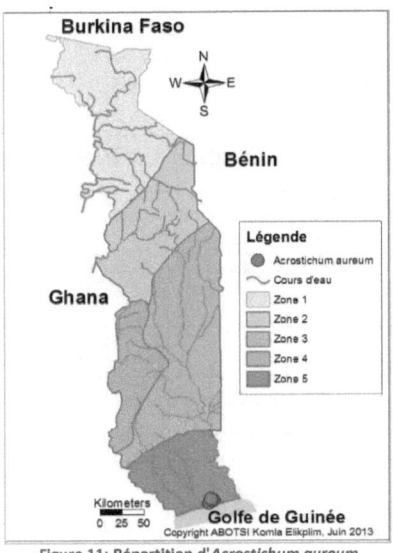

Figure 11: Répartition d'*Acrostichum aureum*

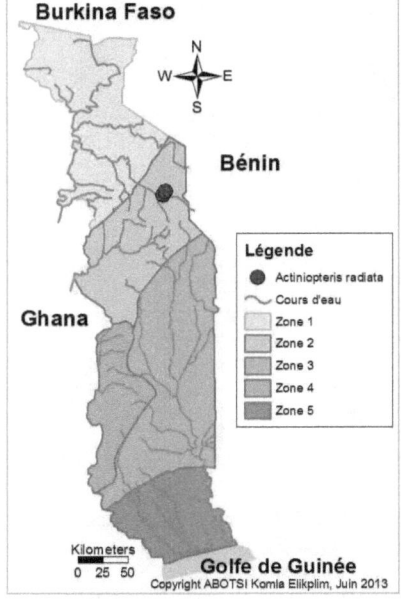

Figure 12: Répartition d'*Actiniopteris radiata*

-*Acrostichum guineense* Gaudich. in Bull. Soc. Bot. Fr. 66: 305 (1919), non Carruth. (1901). Type: Principe, Quintas 1 (LY, holo.)

1. **Description**

Plante de mangrove à rhizome dressé et frondes en touffes. Fronde jeune entière. Fronde adulte de 1 à 2 m de longueur, à pétiole long de 30 à 50 cm, rigide, nu. Limbe penné, oblong-lancéolé, long de 50 cm à 2 m, à pennes lancéolées, longues de 20 à 30 cm sur 3 à 5 cm de large, alternes, espacées d'environ 3 cm, à base cunéiforme-oblique, les supérieures sessiles, les inférieures pétiolulées. Pennes fertiles légèrement plus étroites, entièrement recouvertes par les sporanges sur leur face inférieure.

2. **Répartition géographique**

Togo: Zone écologique 5: dans la mangrove le long du fleuve Mono et ses affluents.

Hors du Togo: Angola, Bioko, Cameroun, Côte d'Ivoire, Gabon, Ghana, Guinée, Guinée Bissau, Kenya, Libéria, Mozambique, Nigéria, Pemba, Sao-Tomé et Principe, Afrique du Sud, Tanzanie, Zanzibar, Zimbabwe. (Roux, 2001)

B. ***Actiniopteris radiata*** **(Sw.) Link**. Fil. sp. 80. 1841. 1841. Type: Inde, Coromandel, Koenig (Herb. Montin S-PA, lecto.)
-*Acrostichum dichotomum* Forssk. Fl. Egypte.-Arabie.: 184 (1775), non L.]
-*Asplenium radiatum* Sw.. in J. Bot. (Schrader) 1800 (2): 50 (1801)
-*Acrostichum radiatum* (Sw.) Poir. Encycl. Méth. Bot. Suppl. 1: 128 (1810)
-*Acropteris radiata* (Sw.) Link Hort. Berol 2: 56 (1833)
-*Pteris radiata* (Sw.) Bojer. Hort. Maurit.: 399 (1837)
-*Asplenium polydactylon* Webb Spic. Gorgon. in Hook. Niger Fl.: 193 (1849). Type: Cap-vert Is., Webb (? FI, holo.)
-*Actiniopteris australis* Sim [sensu Sim, Ferns S. Afr. éd. 2: 250, t. 34/2 (1915), non

(L.f.) Link]
-*Actiniopteris australis* var. *radiata* (Sw.) C. Chr. in Dansk Bot. Arkiv. 7: 125 (1932)

1. Description

Petite plante épilithe à rhizome dressé, à frondes en touffes portant des écailles lancéolées, à base échancrée. Pétiole de 5 à 15 cm, lâchement écailleux, marginé, rougeâtre à la base. Limbe flabellé, de 2 à 4 cm de long sur 3 à 5 de large, à contour semi-circulaire; divisé en lobes linéaires, dentées au sommet. Texture coriace.

2. Répartition géographique

Togo: Zone écologique 2 : La plante a été récolté au village de Tcharé

Hors du Togo: Angola, Botswana, Egypte, Kenya, Malawi, Namibie, Nigéria, Afrique du Sud, Swaziland, Tanzanie, Uganda, Zambie, Zanzibar, Zimbabwé, Macaronésie, Arabie, Inde australe, Sri-Lanka, Afghanistan, Yémen, Madagascar. (Roux 2001)

C. *Adiantum incisum* Forssk. Type: Yemen, Al Hadiyah [Hadie], Forsskål s.n. (C, lecto, K!, photo) (specimen et étiquette originale de terrain absents de la micro-fiche).
-*Adiantum capillus-gorgonis* Webb , Spic. Gorg. in Hook., Niger Fl.: 192 (1849).
Type: Cap Vert Is., St. Nicolas, Forbes 3 & 21 (P, syn.) & St. Vincent, summit of Mt Verede, Vogel 5 (P, syn., FT, K!, isosyntype.)

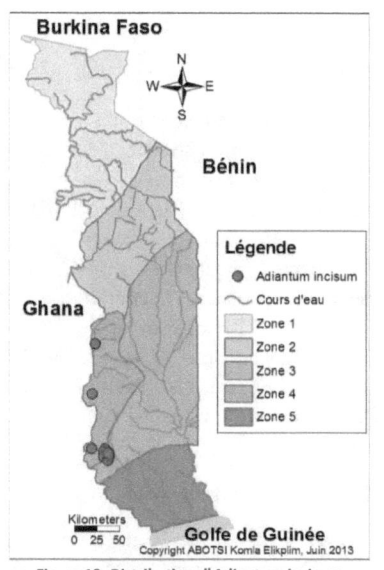

Figure 13: Distribution d'*Adiantum incisum*

-*Adiantum caudatum* [sensu Hook., Syn. Fil.: 115 (1867) pro parte; Hieron. in V.E. 2: 44 (1908); Sim, Ferns S. Afr., ed. 2: 241, t. 118/2 (1915); F.D.-O.A.: 43 (1929); Ogata, Ic. Fil. Jap. 2: t. 51 (1929); Alston in J.B. 72, Suppl. Pterid.: 7 (1934); Tardieu, in Mém. I.F.A.N. 28: 96, t. 15/4, 5 (1953) et auctt. mult., non L.]
-*Adiantum caudatum* var *hirsutum* Kuhn Fil. Afr.: 63 (1868) & in von der Decken, Reisen Ost Afr. 3, 3 Bot.: 12 (1879); Hieron. in P.O.A. C: 78 (1895). Type: beaucoup de syntypes
-*Adiantum zollingeri* [sensu Carruth., Cat. Afr. Pl. Welw. 2: 266 (1901), non Mett. ex Kuhn]

1. Description

Plante à rhizome court et dressé, portant des écailles linéaires à la base, de 4 à 5 mm de long sur 0,2 de large, noirâtres avec une marge étroite pâle. Frondes pennées en touffe, dressées ou retombantes, 10 à 40 cm de long, pennées. Rachis et stipe brun-sombres, densément poilu à la moitié inférieure du stipe, parfois avec des écailles étroites brun-pâles. Pennes de 0,7 à 2,3 cm de long sur 4 à 11 mm de large, devenant de plus en plus petites au sommet, alternes, oblongues à obliquement triangulaires, légèrement à profondément incisées ou lobées au niveau des marges externes et supérieures, entières au niveau de la marge inférieure, cunéiformes ou rarement arrondies à la base, densément à éparsément recouvertes de poils blancs ou bruns; ou carrément glabres. Sores circulaires ou oblongs, de 1 à 3,5 mm de large.

2. Répartition géographique

<u>Togo:</u> Zone écologique 4: sur le Mont Agou, à Tomégbé (Akposso) et dans la forêt classée d'Assoukoko

<u>Hors du Togo</u>: Angola, Botswana, Burundi, Ghana, Kenya, Malawi, Mozambique, Nigéria, Namibie, Afrique du Sud, Tanzanie, Uganda, Zambie, Zanzibar et Zimbabwé (Roux 2001)

D. *Adiantum philippense* L. Sp. Pl. 2: 1094 (1753). TAB. 36 fig. G. Type provenant des Philippine Is.
-*Adiantum lunulatum* Burm. f. Fl. Ind.: 235 (1768).—Sim, Ferns S. Afr. ed. 2: 243, t. 119 (1915). Type provenant de l'Inde.
-*Adiantum lunulata* Burm. f. Retz Obs. Bot. 2: 28, t. 4 (1781) Type provenant d'Inde
-*Adiantum lunatum* Cav. Descr. Pl. 1: 272 (1802). Syntypes des Mariannes et Philippine Is.
-*Adiantum arcuatum* Sw. Syn. Fil.: 122 (1806) nom. illegit. Syntypes = même que précédemment.

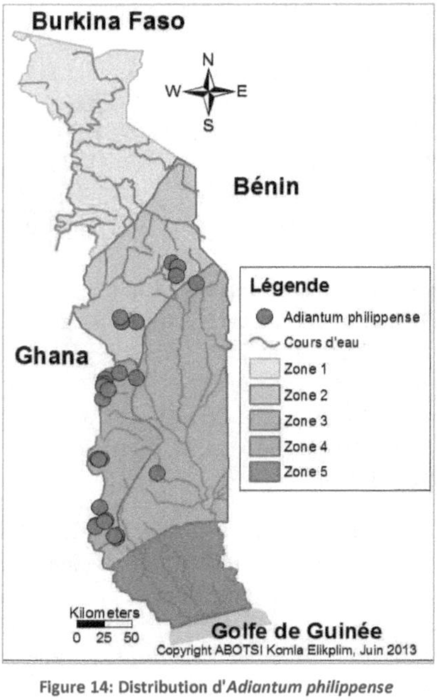

1. Description

Rhizome court, un peu dressé ou rampant portant des écailles brun-sombre d'environ 3 mm de long, avec des frondes en touffe. Fronde archée, herbacée. Pétiole noir, brillant, glabre, long de 10 à plus de 15 cm. Limbe lancéolé, penné. Pennes alternes, très longuement pétiolés, semi-elliptiques, dimidiées, à base supérieure tronquée, marge supérieure denticulée dans la fronde stérile, légèrement lobée dans la fronde fertile. Texture mince. Penne terminale obtriangulaire. Sores en croissant.

2. Répartition géographique

<u>Togo:</u> Zones écologiques 3 et 4: sur les plateaux de Danyi et Akposso, Mont Agou, Alédjo, Adélé et dans la zone de Tchamba

Figure 14: Distribution d'*Adiantum philippense*

Hors du Togo: espèce pantropicale (Schelpe 1970)

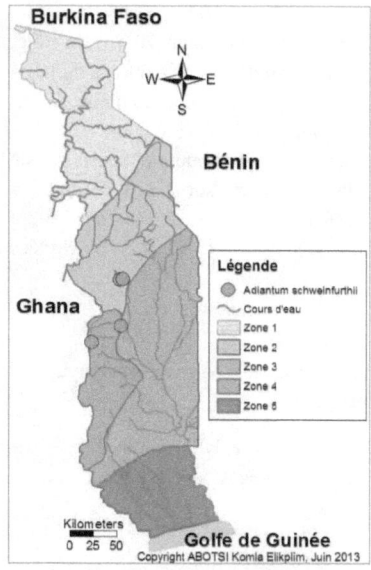

Figure 15: Distribution d'*Adiantum schweinfurthii*

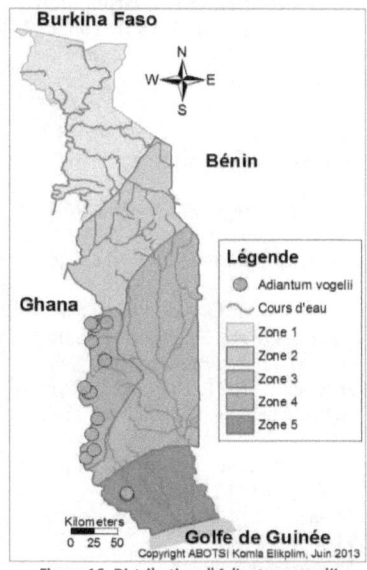

Figure 16: Distribution d'*Adiantum vogelii*

E. *Adiantum schweinfurthii* **Kuhn**
Sitzungsber. Ges. Naturf. Freunde Berlin 1869. 40; Bot. Zeit. 1870. 89. (HB. 472). NPfl. 283. 1869, Type: Soudan, Huuh, Schweinfurth 3814 (B, holo., K, iso)
-*Adiantum chevalieri* Christ. in Bull. Soc. Fr. 55, Mém. 8b: 105, 1908. Type: Mali, Tabacco, Chevalier 2917 (P, holo.)

1. Description
Plante à rhizome court avec des écailles brunes, linéaire-lancéolées, long-acuminé, entières. Frondes oblongue-lancéolées, en touffes, 12 à 34 cm de long, penné. Stipe et rachis noirs pourpres et brillant, glabre. Pennes vert pâle, oblongues ou oblongues-lancéolées, 1 à 2,2 cm de long sur 3 à 8 mm de large, obliques à la base; marges supérieures lobées et crénelées, mais non profondément incisées; marge inférieure entière, glabre. 4 à 7 paires de sores oblong-réniformes par penne, souvent un par lobule; 1,2 à 1,8 mm de long sur 0,7 de large.

2. Répartition géographique

Togo: Zones écologiques 2 et 4: La plante est présente dans la zone de Fagala, Fazao et la forêt classée d'Assoukoko

Hors du Togo: RCA, Guinée, Mali; Nigeria; Soudan, Tanzanie (Roux 2001)

F. *Adiantum vogelii* **Mett. ex Keyserl**. Filices Africanae 66. 1868. (Filic. Afr.) Type: Bioko [Fernando Po], Vogel [? 147] (?, lecto., K!, isolecto.)
-*Adiantum prionophyllum* var. γ Hook. Sp. Fil. 2: 22 (1858) pro parte
-*Adiantum tetraphyllum* sensu Hook. & Bak. Syn. Fil.: 120 (1867) pro parte; V.E. 2: 44, fig. 36 (1908), non Willd
-*Adiantum tetraphyllum* var. *obtusum* Kuhn. Fil. Afr.: 66 (1868); Bonap., Notes Ptérid. 1: 81, 97 (1915). Type: Bioko [Fernando Po], Vogel [? 147] et Mann 141 et Nigéria, Aboh, Barter 1458 (B, syn.,

BM, K, isosyn.) et Congo (Kinshasa), Banza, Smith s.n. (B, syn.)
-*Adiantum tetraphyllum* var. *vogelii* (Keyserl.) Bonap. Not. Ptérid. 1: 105 (1915)

1. Description

Plante d'assez grande taille à rhizome bien développé, rampant, atteignant 70 cm de long, portant des écailles noires piliformes, de 2 à 3 mm de long. Fronde de 20 à 60 cm de long, rapprochées; pétiole noirâtre, canaliculé, 5 à 25 cm de long, généralement anguleux, poilu; rachis non ailé, hirsute. Limbe à contour deltoïde-lancéolé, long de 10 à 15 cm sur 8 à 10 de large, bipennée, avec pennes et pinnules alternes; 2 à 4 paires de pennes latérales semblables à la terminale, courtement pétiolées, linéaires, longues de 8 à 10 cm sur 2 à 3 de large, à extrémité deltoïde, courtement effilée. Pinnules rhomboïdale-dimidiées, à base supérieure incisée sur 1/3 environ de sa largeur, lobes tronqués, dentés. Nervures simples ou bifurquées vers le 1/3 inférieur. Sores en forme de croissant.

2. Répartition géographique

Togo: Zones écologiques 4 et 5: La plante se retrouve sur les plateaux Akposso et Danyi, les territoires Akébou et Adélé ainsi qu'au bord du Zio à Kpédji.

Hors du Togo: Angola, Bénin, Bioko, Cameroun, RDC, Côte d'ivoire, RCA, Guinée équatoriale, Gabon, Guinée, Ghana, Libéria, Nigéria, Principe, Sénégal, Sierra-Leone, Uganda, Zanzibar (Roux 2001)

Figure 17: Distribution de *Ceratopteris thalictroides*

G. *Ceratopteris thalictroides* (L.) Brongn. in Bull. Sci. Soc. Philom. Paris, sér. 3, 1821: 186, tt. 3–4 (1821). Type: Sri Lanka, Hermann 3/42 (BM-HERM!, holo.G-BURM, iso.)
-*Acrostichum thalictroides* L. Sp. Pl. 2: 1070 (1753).
-*Acrostichum siliquosum* L. Sp. Pl. 2: 1070 (1753). Type: Sri Lanka, Hermann 2/59 (BM- HERM!, holo.)
-*Pteris thalictroides* .(L.) Sw in J. Bot. (Schrad.) 1800 (2): 65 (1801)
-*Pteris siliquosum* .(L.) P. Beauv., Fl. Owar. 1: 63 (1809)
-*Pteris cornuta* P. Beauv. Fl. Owar. 1: 63, t. 37/2 (1809). Type: Nigéria, Oware, Beauvois (P, holo.)
-*Ceratopteris gaudichaudii* Brongn. in Bull. Sci. Soc. Philom. Paris, sér. 3, 1821: 187 (1821). Type: Mariannes Is, Guam, Agaña R., Gaudichaud (FT, holo.)
-*Ceratopteris cornuta* (P. Beauv.) Lepr. in Ann. Sci. Nat., sér. 1, 19: 103, t. 4/A (1830)
-*Ceratopteris siliquosa* (L.) Copel. in Phil. Journ. Sci. 56: 107 (1935)
-*Ceratopteris thalictroides* Schelpe var.

thalictroides in Contr. Bolus Herb. 1: 46 (1969)
-*Ceratopteris thalictroides* var. *cornuta* (P. Beauv.) Schelpe in Contr. Bolus Herb. 1: 47 (1969)

1. **Description**

Plante aquatique, annuelle à frondes vert-pâles, dimorphes, irrégulièrement pennées, les stériles plus larges. Texture herbacée, nervures anastomosées. Frondes stériles: stipe de 8-25 cm de long, limbe ovale à deltoïde, 20-40 cm de long sur 7-30 de large, penné ou 2-3-pinnatifide ou pinnatifide avec des lobes sinueux, segments terminaux triangulaire à lancéolé, glabres. Frondes fertiles: stipe de plus de 40 cm de long, limbe de 24-50 cm de long sur 12-30 de large, 2-4-penné avec des segments ultimes linéaires de plus de 4 cm de long sur 1-2 mm de large, glabre. Sporanges situées le long des nervures, protégées par une pseudo-indusie marginale, entière et membraneuse formée par la marge réfléchie du limbe, portant 30 à 70 cellules épaissies.

2. **Répartition géographique**

<u>Togo:</u> Zones écologiques 2, 3 et 5. La plante est retrouvée essentiellement sur les berges du Mono mais aussi dans des marécages à Yaka, Kpendéré, Atchinedji et Agouegan.

Hors du Togo: Angola; Australie; Bénin, Burundi; Cameroun; RCA, Tchad, Congo, Guinée, Kenya, Cap-Vert; RDC; Côte d'Ivoire; Ethiopie; Gabon; Ghana; Liberia; Malawi, Mali, Namibie, Swaziland, Tanzanie, Uganda, Zambie, Zanzibar, Zimbabwé; Mozambique; Nigeria; Sénégal; Seychelles; Sierra Leone; Afrique du Sud; Soudan, Madagascar, Asie. (Roux 2001)

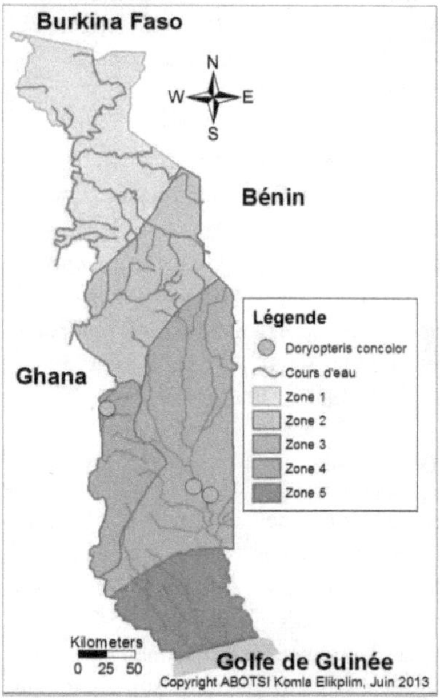

H. *Doryopteris concolor var nicklesii* (Tard.) Schelpe in Contr. Bolus Herb. 1: 76 (1969), Type: RCA, Bangui, Nicklès s.n. (P, holo.)
-*Doryopteris nicklesii* Tardieu. in Not. Syst. 3: 166 (1948)
-*Pellaea geraniifolia* (Raddi) Fée Mém. Fam. Foug. 5: 130 (1850–2) (*Pteris geraniifolia* Raddi, Opusc. Sci. Bologna 3: 293 (1819), Type provenant de près de Rio de Janeiro, Raddi s.n)

1. **Description**

Fougère à frondes rapprochées deltoïdes, mesurant 10-35 cm de long sur 5-15 cm de large. Limbe bipinnatifide; pennes mesurant 2-6 cm de long sur 0,7 à 3 de large. Pétiole portant des écailles éparses. Sores et fausse indusie continus sauf au fond des sinus.

Figure 18: Distribution de *Doryopteris concolor* var *nicklesii*

2. Répartition géographique

<u>Togo</u>: Zones écologiques 3 et 4. La plante est retrouvée sur les berges du barrage de Nangbéto et dans la zone de Katchanké.

<u>Hors du Togo</u>: Burundi; RCA, Ghana; Madagascar; Malawi; Nigéria; Soudan; Zambie; Zimbabwé (Verdcourt 2002)

I. *Doryopteris kirkii* (Hook) Alston, Ferns W.T.A.: 43 (1959); Tardieu, Fl. Cameroun 3: 139, t. 20/1–2 (1964); Pic. Serm. in B.J.B.B. 53: 217 (1983); Faden in U.K.W.F. ed. 2: 19, t. 170 (1994); Hemp in Gottsberger & Liede, Life forms & dynamics in trop. forests: 120, fig. 10 (2001)
-*Doryopteris concolor* var *kirkii* (Hook.) Wiss. Ergebn. Schwed. Rhod.-Kongo Exped. 1: 4 (1914). Type: Mozambique, Moramballa à 2000' et 3000', Kirk s.n. (K!, syn.)
-*Cheilanthes kirkii* Hook Sec. Cent. Ferns, t. 81 (1861); Tardieu in Mém. I.F.A.N. 28: 88 (1953)
-*Pellaea geraniifolia* sensu Oliv. in Trans. Linn. Soc. Ser. 2 Bot. 2: 353 (1887), non (Raddi) Fée
-*Doryopteris concolor* (Langsd. & Fisch.) Kuhn in von der Decken, Reisen Ost Afr. 3, 3 Bot.: 19 (1879) pro parte; Hieron. in P.O.A. C: 79 (1895) & in V.E. 2: 38, fig. 32 (1908); Sim, F.S.A. 214, t. 104 (1915); Faden in U.K.W.F. ed. 1: 39, fig. (1974); Schippers in Fern Gaz. 14: 182 (1993), non (Langsd. & Fisch.) Kuhn sensu stricto
-*Cheilanthes argentea* sensu Peter F.D.-O.A.: 41 (1929), non (Gmel.) Kunze
-*Adiantum palmatum* Schumach. Beskr., Guin. Plant.: 460 (1827) & in K. Danske Vidensk. Selsk. 4: 234 (1829). Type: Ghana, Aquapim [Akwapim], Thonning 307 (C, syn.) (non *Doryopteris palmatum* (J.Sm.) Alston . in Bol. Soc. Brot. Sér. 2a, 30: 14 (1956); Tardieu, Fl. Madag. 5 (1): 148, fig. 20/6–8 (1958);

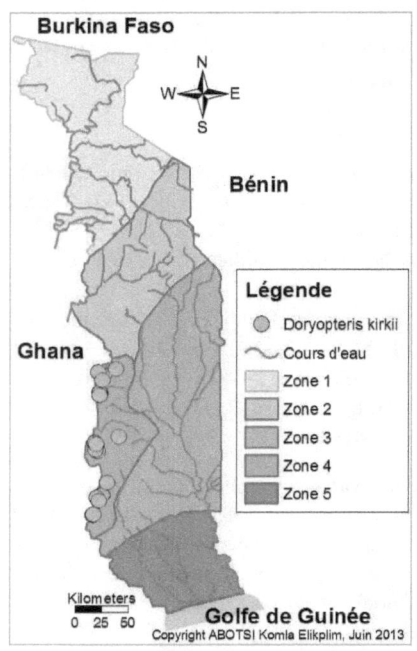

Figure 19: Distribution de *Doryopteris kirkii*

1. Description

Fougère à rhizome court, à frondes rapprochées, portant des écailles très épaisses au centre, très minces sur les bords. Pétiole des frondes stériles noir, long de 15-20 cm, écailleux à l'extrême base, canaliculé. Limbe stérile ayant 7-10 cm de long sur autant de large, deltoïde, bipinnatifide, à pennes opposées, toutes réunies par une large aile. Pennes inférieures falciformes, longues d'environ 6-7 cm, très développées basiscopiquement, divisées, jusqu'au costa, largement ailé, en pinnules aiguës, elles même lobées. Texture subcoriace, surfaces nues. Fronde fertile à pétiole légèrement plus long que celui des frondes stérile, à limbe de même forme, mais plus profondément lobé que le stérile. Rachis nu, canaliculé ainsi que les nervures médianes noires. Sores marginaux, interrompus, à peine recouverts par le lobe étroit et pâle du limbe (fausse indusie).

2. Répartition géographique

Togo: Zone écologique 4: les plateaux de Danyi et Akposso, les Monts Kloto et Agou, les montagnes de l'Adélé et l'Akébou
Hors du Togo: Angola; Botswana; Burundi; Cameroun; Comores; RDC; Côte d'Ivoire; Erythrée; Ethiopie; Ghana; Guinée; Madagascar; Malawi; Mozambique; Nigeria; Rwanda; Afrique du Sud; Soudan; Yémen; Zambie; Zimbabwe (Verdcourt 2002)

J. *Haplopteris guineensis* (Desv). Crane var *guineensis* Systematic Botany, Vol. 22, No. 3 (Jul. - Sep., 1997), pp. 514. Type: Palisot de Beauvois (P, holo., B-WILLD, 20028, iso. microfiche)
-*Vittaria guineensis* Desv. in Mag. Ges. Naturf. Fr. Berl. 5: 325 (1811). Type: Nigeria, Owerri [Oware], Palisot de Beauvois (P, holo., B-WILLD, 20028, iso., microfiche)
-*Pteris guineensis* (Desv.) Desv in Mém. Soc. Linn. Paris 6: 293 (1827)
-*Vittaria congoensis* H. Christ. in De Wild., Miss. Laurent 1: 9, t. 1 (1905). Type: Congo (Kinshasa), Falaise de Sankuru, Batempa, Laurent (BR, holo.)
-*Vittaria guineensis* var. *cancellata* Hieron in E.J. 53: 425 (1915); Pic. Serm. in B.J.B.B. 53: 239 (1953). Type: 13 syntypes de l'Afrique occidentale et centrale

1. Description

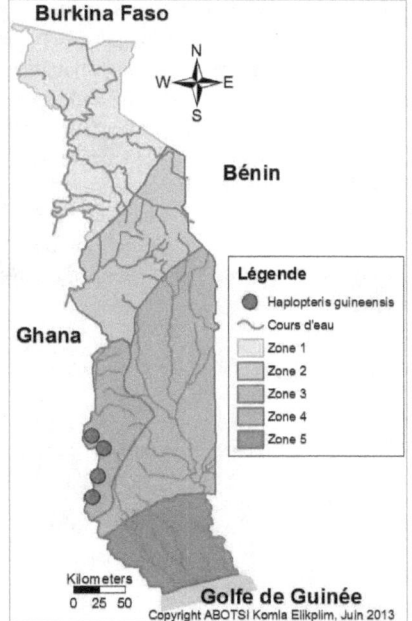

Figure 20: Distribution de *Haplopteris guineensis* var *guineensis*

Petite plante herbacée épiphyte à rhizome courtement rampant, à écailles lancéolées aiguës et noires, plus foncées au centre, avec une lumière incolore. Fronde linéaires-lancéolées, 10 à 60 cm de longueur sur 0.4 à 1.2 cm de largeur, pétiolée, à pétiole long de 2 à 5 cm, noirâtre à la base. Extrémité du limbe aiguë, mucronée, à hydathode terminale. Nervure médiane apparente à la base de la fronde aplatie, plus ou moins triangulaire et non apparente au sommet. Les nervures latérales sont peu apparentes, sauf sur la plante jeune. Les sores sont marginaux, immergés.

2. Répartition géographique

Togo: Zone écologique 4: à Danyi, Kouma et dans l'Akposso
Hors du Togo; Cameroun; RCA, RDC, Côte d'Ivoire; Guinée équatoriale, Gabon; Ghana; Guinée; Libéria; Nigéria; Sierra Leone; São Tomé et Príncipe (Verdcourt 2002).

K. *Pellaea doniana* **J.Sm. ex Hook.** Sp. fil. 2: 137, t. 125, fig. a (1858); Type: São Tomé, Don s.n. (BM ex Herb. John Smith!, holo.; K, ? iso.)
-*Pteris doniana.* (Hook.) Kuhn fil. Afr.: 80 (1868)
-*Pteridella doniana* (Hook.) Kuhn in von der Decken, Reisen Ost Afr. 3, 3 Bot.: 13 (1879); Hieron. in P.O.A. C: 78 (1895)

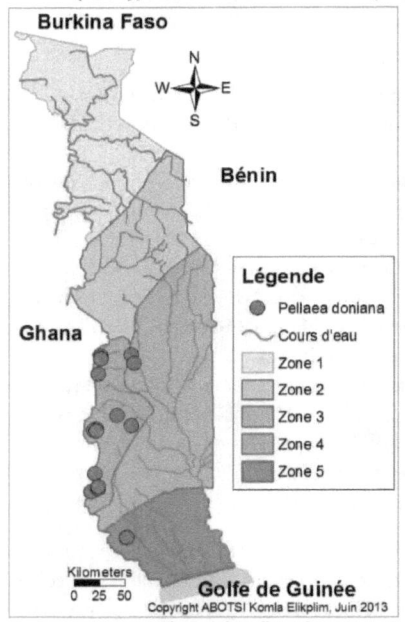

Figure 21: Distribution de *Pellaea doniana*

1. Description

Fougère à rhizome dressé, à frondes en touffes, 19-60(-100) cm de longueur, portant des écailles étroites, pâles, formées de cellules à parois très minces, pâles et lumière incolore, bords munis de courts prolongements. Pétiole noirâtre, brun ou pourpre, long de 5-39cm, portant surtout vers la base des écailles linéaires. Limbe oblong à oblong-lancéolé, 15-58 cm de long sur 8-18 de large, penné; 6-21 paires de pennes latérales, oblongues-lancéolées, oblongues ou oblongues-ovales, longues de 6-10 cm sur 1-1,5 de large, pétiolées, à base arrondie ou légèrement cordée, marges entières. Penne terminale semblable aux latérales. Texture coriace, surfaces nues. Nervure médiane presque noire à partie inférieure; nervilles invisibles. Indusie généralement cachée par le sore.

2. Répartition géographique

Togo: Zones écologiques 3 et 4: Kpimé, Kouma, Yikpa, pays Akposso, Kougnohou, Pagala-village

Hors du Togo: Angola; Burundi; Cameroun; RDC; Côte d'Ivoire; Ghana; Guinée; Libéria; Malawi; Mozambique; Nigéria; Sierra Leone; Soudan; São Tomé et Príncipe; Zambie; Zimbabwe (Verdcourt 2002).

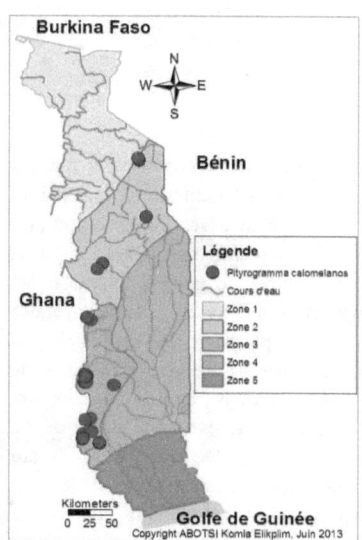

Figure 22: Distribution de *Pityrogramma calomelanos* var *calomelanos*

L. *Pityrogramma calomelanos* **(L.) Link var.** *calomelanos* Handb. Gewächs. 3: 20 (1833).—
Tardieu in Aubréville, Fl. Camér., 3, Ptérid.: 134, t. 17 figs. 1–2 (1964); Alston, FWTA: 38 (1959), Type: tropical America, LINN 1245/19 (LINN, lecto.)
-*Acrostichum calomelanos.* L. Sp. Pl. 2: 1072 (1753)
-*Acrostichum ebeneum*.L. tom. cit.: 1071 (1753)
-*Gymnogramma calomelanos* (Link) Kaulf. Enum. Fil. : 76 (1824)
-*Gymnogramma distans* Link. Hort. Berol. 2: 53 (1833)
-*Ceropteris calomelanos* (L) Underw. Bull. Torrey Bot. Club 29 : 632 (1902)
-*Pityrogramma chamaesorus* Domin. in Publ. Fac. Sci. Univ. Charlest. 88: 6 (1928)
-*Pityrogramma insularis* Domin.,. Pub. Fac. Sc. Charles Un. 88 : 8 (1926)

1. Description

Fougère à rhizome court d'environ 8 mm de diamètre, portant des écailles linéaires de plus de 4 mm de long, entières, brun-clair. Frondes en touffes, dressées à arquées, herbacées à légèrement coriaces; pétiole de 15-20 cm (parfois plus de 33 cm) de long, noir, brillant à maturité, canaliculé, portant quelques écailles à la base. Limbe oblong-lancéolé, 25-37 cm de long sur 10 à 14 cm de large, bipenné à 3-pinnatifide; une quinzaine de paires de pennes latérales alternes, faisant un angle de 45° avec le rachis, pétiolées, les inférieures légèrement réduites, les moyennes atteignant 10-12 cm de long sur 2,2 de large, à extrémité longuement effilée, pennées à la base, profondément pinnatipartites jusqu'au rachis ailé. Pinnules sessiles, subopposées, longues de 0,5 cm environ, lancéolées, à base supérieure auriculée, entières, ou lobées, aiguës au sommet. Face inférieure portant un enduit pulvérulent, blanchâtre. Sporanges plus ou moins confluents à maturité.

2. Répartition géographique

<u>Togo:</u> Zones écologiques 2 et 4.

<u>Hors du Togo</u>: .Plante commune à toutes les zones tropicales humides (Verdcourt 2002)

M. *Pteris atrovirens* **Willd.** Sp. Pl. ed. 4, 5: 385 (1810); Hieron. in P.O.A. C: 80 (1895); Carr. in Cat. Afr. Pl. Welw. 2: 268 (1901); Hieron. in V.E. 2: 46 (1908); Tardieu, Mém. I.F.A.N. 28: 79, t. 11, fig. 8 (1953); Alston, Ferns W.T.A.: 42 (1959); Tardieu, Fl. Cameroun 3: 166 (1964) & Fl. Gabon 8: 113, t. 19, figs. 3, 4 (1964); Schelpe, in Contr. Bolus Herb. 1: 61 (1959) & C.F.A., Pterid.: 93 (1977). Type: Nigéria, Oware et Bénin, Flügge s.n. (B-W 19995, holo., microfiche, BM, photo)

-*Pteris spinulifera* Schum. in Kongel. Dansk. Vid. Selsk. Naturvid. Afr. 4: 233 (1829).
Type: Ghana, Aquapim, [Guinée], Hornemann s.n. (C, syn., BM, photo.)

1. **Description**

Rhizome court, portant des écailles lancéolées d'environ 4 mm de long, noires, à marges pâles. Frondes en touffes, 0,25-1 m de hauteur; pétiole long de 20 à 50 cm, de couleur paille, violacé ou rougeâtre à la base; Limbe elliptique-lancéolé, 20-50 cm de long sur 15-60 de large. bipinnatifide, 5-7 paires de pennes latérales, les supérieures opposées au sommet, les moyennes alternes, courtement pétiolées ou subsessiles, à base cunéiforme, divisées en une quinzaine de segments arrondis, oblongs, dentés au sommet, séparés par d'étroits sinus; extrémité de la penne entière et courtement effilée sur 1,5 à 2 cm environ; les inférieures pétiolées, auriculées, à auricule pinnatifide. Penne terminale courtement décurrente. Rachis lisse, plus ou moins brun violacé. Base des pennes portant à la face supérieure quelques petites protubérances molles. Nervures formant une aréole costale surbaissée et une ou deux séries d'aréoles, entre le costa et la marge. Sores faisant presque tout le tour des lobes, jusqu'aux denticulations de l'apex.

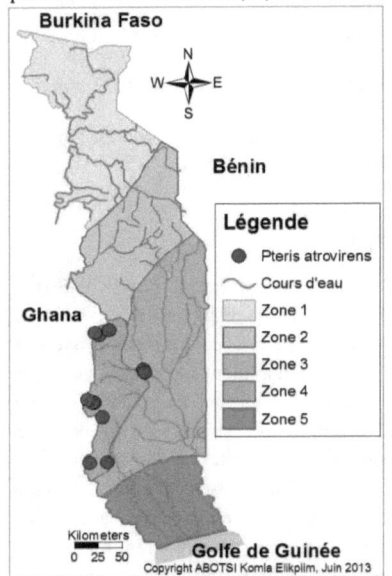

Figure 23: Distribution de *Pteris atrovirens*

2. **Répartition géographique**

<u>Togo:</u> Zone écologique 4: Agou, Adélé, Melamboua, Boulo, Agadja, Akloa et Tomégbé.

Hors du Togo: De la Guinée au Sud du Nigéria, Sao Tomé et Principe, Cameroun, Gabon, RDC, Soudan, Angola (Verdcourt 2002)

N. *Pteris burtonii* Bakin Ann. Bot. 5: 218 (1891), initialement publié comme burtoni; Tardieu, Mém. I.F.A.N. 28: 72, t. 10, figs. 6, 7 (1953); Alston, Ferns W.T.A.: 42, fig. 10 (1959); Tardieu, Fl. Cameroun 3: 158 (1964) & Fl. Gabon 8: 10, t. 18, figs. 1–4 (1964); Schelpe in Contr. Bol. Herb. 1: 60 (1969) & C.F.A. Pterid.: 92 (1977). Type: Ghana, Burton s.n. (K, holo.)
-*Pteris johnstonii* Bak in Ann. Bot. 5: 218 (1891), initialement publié comme johnstoni . Type: Sierra Leone, Wilberforce, Johnston s.n. (K, holo.)
-*Pteris aethiopica* Christ. in Journ. de Bot. sér. 2, 2: 21 (1909). Types: Côte d' Ivoire, entre Abidjan et Makongguie, Chevalier 15608 & Bouroukrou, Chevalier 16752 (P, syn.)
-*Pteris atrovirens* var. *cervonii* Bonap. in Bull. Mus. Hist. Nat. 19: 388 (1913),

nomen.
-*Pteris burtonii* var. *aethiopica* (Christ) Tardieu in Mém. I.F.A.N. 28: 72, fig. 8 (1953)

1. Description

Rhizome court, dressé, portant des écailles noires à marges pâles, lancéolées à linéaire-lancéolées (3-4 mm de long); frondes en touffes, 0,3 à 1m de hauteur; stipe de 10-38 cm de long, portant des écailles à la base. Limbe deltoïde, plus ou moins lancéolé, 20-40 cm de long sur 15-40 de large, avec un bourgeon près de la base de la penne terminale. 1-5 paires de pennes. Pennes simples, (6-19 cm de long sur 1,4-4 cm), entières ou légèrement lobées et pennes basales développées basiscopiquement. Pennes souvent pinnatifides, ou simples; les deux types pouvant cohabiter sur une même plante. Pennes oblongues-lancéolées, 13-22 cm de long sur 3-8 de large, segment terminal deltoïde-lancéolé, 3-6(-9) cm de long sur environ 1 cm. denté à l'apex; segments ultimes des pennes en 10-15 paires, oblongs; segment basiscopique des pennes basales plus long, (7,4cm x 1,4cm). Rachis légèrement ailé par la base décurrente du limbe. Nervures anastomosées au niveau des segments. Sores présentes sur toute la marge des pennes (simples comme pinnatifides) sans interruption au niveau des sinus mais la pointe des segments ultimes est généralement stérile et dentée, donnant des sores en U.

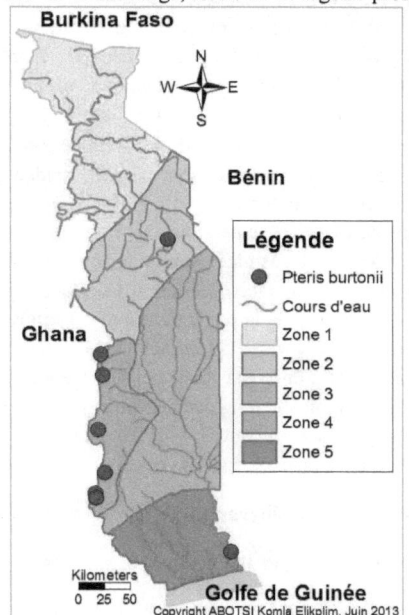

Figure 24: Distribution de *Pteris burtonii*

2. Répartition géographique

Togo: Zones écologiques 2, 4 et 5: Yoh, Danyi N'Digbé, Alédjo et Adamé (Bas-Mono)

Hors du Togo: Afrique occidentale: de la Guinée à l'Angola, de même qu'à Bioko, Sao-Tomé, RCA, RDC, Ouganda (Verdcourt 2002)

O. *Pteris similis* **Kuhn** in von der Decken, Reisen Ost. Afr. 3, 3 Bot.: 21 (1879); Alston, Ferns W.T.A.: 42 (1959); Tardieu, Fl. Cameroun 3: 168 (1964) et Fl. Gabon 8: 114, t. 19, figures. 5, 6 (1964); Schelpe in Contr. Bol. Herb. 1: 61 (1969) et C.F.A. Pterid.: 92 (1977); Schippers in Fern Gaz. 14: 186 (1993). Type: Congo (Kinshasa), Assika, Schweinfurth 3311 (B!, syn., BM, K!, iso.) et Mbruole, Schweinfurth 3087 (B, syn.) -*Pteris congoensis* Christ, in Ann. Mus. Congo sér. 5, 3: 29 (1909). Type: Congo (Kinshasa), entre Buta et Bima, Seret 92 (BM, holo.)

-*Pteris spinulifera* [sensu Tardieu, Mém. I.F.A.N. 28: 78, t. 11, fig. 7 (1953), non Schum.].

1. Description

Rhizome dressé (jusqu'à 15 cm), à frondes en touffes portant des écailles noires, linéaires ou linéaire-lancéolées. Frondes solitaires ou en touffes, atteignant 1,8-4(-6) m de hauteur, s'enracinant souvent à l'apex. Pétiole de couleur paille, violacée ou brunâtre à la base, 30-50 cm de long, canaliculé au sommet, nu, muriculé. Limbe à contour lancéolé, 0,5-3,4(-5,5) m de long sur parfois plus de 60cm de large, penné. Pennes (10-30 paires) oblongues-lancéolées, 8-35 cm X 3,2-12,5cm, pinnatifide; segments ultimes (12-28 paires) oblongs-lancéolés, 1-8,5 cm de long sur 3-10mm; segment terminal de 1,5-4cm de long. Certains segments terminaux sont pennés, rendant certains pennes partiellement bipinnatifides. Penne inférieure auriculée. Rachis straminé, muriculé ou épineux. Costae et costulae straminés, portant de grandes épines à la face inférieure. Absence de bourgeons à la base de la penne terminale. Texture membraneuse. Nervures formant une aréole surbaissée le long du costa de la penne, et une ou deux séries d'aréoles le long des nervures médianes des lobes. Sores occupant 3/4 à 7/8 des lobes, jusque dans les sinus; apex stérile denté.

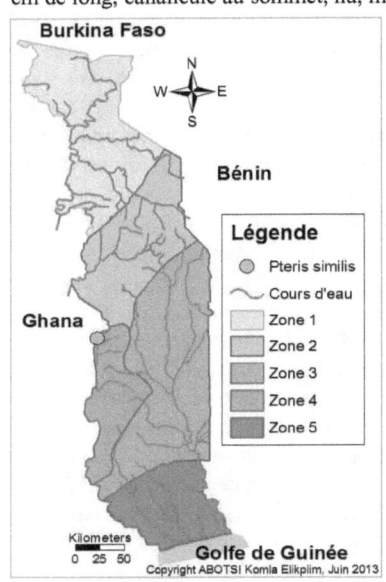

Figure 25: Distribution de *Pteris similis*

2. Répartition géographique

Togo: Zone écologique 4: Yégué

Hors du Togo: Angola, Camerun; RCA, RDC, Côte d'Ivoire; Guinée équatoriale; Ghana; Guinée; Libéria; Nigéria; Sierra Leone, Soudan, Tanzanie (Verdcourt 2002)

P. *Pteris togoensis* Hieron in Engler, Bot. Jahrb. 53 : 402 (1915) Type: Kersting 653, Togo (B, lecto)
-*Pteris kamerunensis* Hieron, loc. cit. : 393 (1915)
-*Pteris quadriaurita* sensu Sim, Ferns S. Afr.: 108, t. 44 (1892); Hieron. in P.O.A. C: 79 (1895) et ? V.E. 2: 45, fig. 38 c–e (1908) (var. incertaine); F.D.-O.A.: 47 (1929); Tardieu, in Mém. I.F.A.N. 28: 76, t. 12, fig. 3 (1953), non Retz
-*Pteris biaurita* sensu Sim, Ferns S. Afr. ed. 2: 257, t. 127 (1915), non L.

1. Description

Rhizome dressé ou courtement rampant, à frondes en touffes, écailleux, atteignant plus de 1m. Pétiole long de 20-45 m, rougeâtre à l'extrême base, straminé plus haut, canaliculé, lisse. Limbe bipinnatifide, long de 20-60 cm; 7-14 paires de pennes latérales, les inférieures opposées, espacées de 4-5cm, pétiolulées, falciformes, faisant un angle de 80° avec le rachis, à contour linéaire-oblong, divisées, presque jusqu'au rachis, en 20-25 segments contigus, oblong-obtus, entiers; extrémité de la penne entière linéaire sur environ 2cm. Première penne inférieure de pennes auriculées, à auricule pinnatifide. Pennes supérieures subopposées ou alternes, sessiles. Rachis straminé glabre. Face inférieure du limbe portant quelques glandes jaunes. Costa lisse, portant une épine à la face supérieure, à l'insertion de la nervure médiane du lobe. Texture subcoriace. Absence de bourgeon à la base de la penne supérieure. Nervures libres, bifurquées généralement vers le milieu, 14-16 par lobes, la première paire n'arrivant pas au fond du sinus. Sores n'atteignant ni le sommet du lobe, ni le fond du sinus.

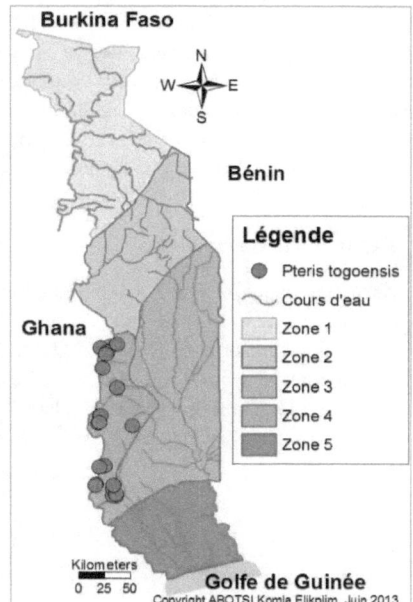

Figure 26: Distribution de *Pteris togoensis*

2. Répartition géographique

Togo: Zones écologiques 2, 3 et 4: Agou, Adélé, Akébou, Ayomé, Melamboua, Boulo, Bismarkbürg

Hors du Togo: Angola, Guinée, Sao-Tomé et Principe. (Roux 2001)

Q. *Pteris tripartita* Sw in Schrad. J. Bot. 1800 (2): 67 (1801); Hook, Syn. Fil.: 172 (1867); Hieron. in V.E. 2: 47, t. 40 (1908); Tardieu in Mém. I.F.A.N. 28: 80, t. 11, fig. 5 (1953) et Fl. Madag. 5 (1): 105 (1958); Schelpe in Contr. Bolus Herb. 1: 61 (1969) et C.F.A. Pterid.: 93 (1977). Type: Indonésie, Java, Thunberg 24968 (UPS, holo.)
-*Pteris marginata* Bory. Voy. quatr. princ. Iles Afr. 2: 192 (1804); Alston, Ferns W.T.A. Pter.: 42 (1959); Tardieu, Fl. Cameroon 3: 170 (1964). Type: Réunion, Grand Brûlé, Bory de St. Vincent s.n. (P, holo)
-*Litobrochia tripartita* (Sw.) Presl. Tent. Pter.: 150 (1836)

1. Description

Fougère de grande taille, terrestre ou épiphyte, rhizome dressé, court et épais avec des écailles larges de même couleur. Frondes en touffes, 1,5-2,5m de hauteur; stipe de 0,3-1,5m de long, très charnu et épais. Limbe ovale-deltoïde, divisé en trois branches égales d'environ 1m de long sur 25 cm de large, branches latérales portant également des branches similaires rendant la fronde pédalée. Chaque branche est bipennée, avec plus de 30 paires de pinnules, pinnules (2-)5-25 cm de long sur 1,3-3 cm de large; segments ultimes plus ou moins oblongs, droits ou falciformes, 0,3-2 cm de long sur 3-7 mm de large; nervures formant des aréoles étroites le long des costae et des costulae, anastomosées au niveau des lobes ultimes. Texture mince, coloration vert clair, Sores s'étendant du sinus à la moitié du segment ou à presque l'apex.

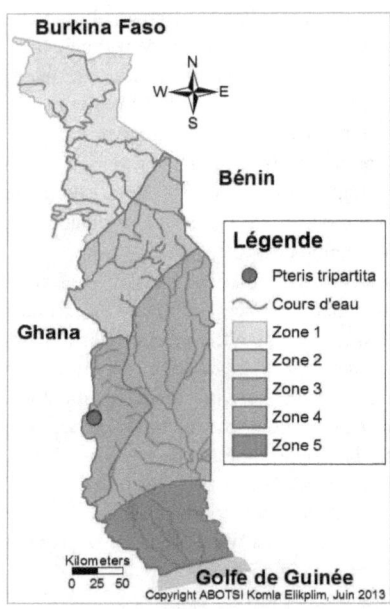

Figure 27: Distribution de *Pteris tripartita*

2. Répartition géographique

Togo: Zone écologique 4. Flanc de colline à la station de pompage d'eau de Badou.

Hors du Togo: Iles britanniques de l'Océan Indien; Cameroun; Comores; RDC; Côte d'Ivoire; Guinée équatoriale; Gabon; Ghana; Kenya, Nigéria; Seychelles; São Tomé et Príncipe (Roux 2001)

Annexe 3: Base de connaissances
Voir CD associé au document

Oui, je veux morebooks!

I want morebooks!

Buy your books fast and straightforward online - at one of the world's fastest growing online book stores! Environmentally sound due to Print-on-Demand technologies.

Buy your books online at
www.get-morebooks.com

Achetez vos livres en ligne, vite et bien, sur l'une des librairies en ligne les plus performantes au monde!
En protégeant nos ressources et notre environnement grâce à l'impression à la demande.

La librairie en ligne pour acheter plus vite
www.morebooks.fr

OmniScriptum Marketing DEU GmbH
Heinrich-Böcking-Str. 6-8
D - 66121 Saarbrücken
Telefax: +49 681 93 81 567-9

info@omniscriptum.com
www.omniscriptum.com

www.ingramcontent.com/pod-product-compliance
Lightning Source LLC
Chambersburg PA
CBHW032007220426
43664CB00005B/172